社長！油断していると社員に会社潰されますよ！

Everyone, keep your guard up!

エビデンサー evidencer
平塚俊樹 Toshiki Hiratsuka

SOGO HOREI PUBLISHING CO., LTD

はじめに

今日も、私の携帯電話はひっきりなしに鳴り続ける。

ほとんどは私の顧問企業と、紹介により新規でかけてきた企業からの電話だ。

昨今、さまざまなトラブルを抱えている企業の数は少なくない。そうした問題解決の相談、依頼が引きも切らないのである。

なかでも今、最も増えているのが労働問題だ。


かつては労使間のトラブルといえば、労働組合によるストライキのような集団紛争が主流だった。

ところが、経済状況の悪化や、パート、アルバイト、派遣、期間契約など、雇用形態の変化にともなって個別紛争が増加してきたのだ。

企業にとって怖いのは、経営を左右しかねない労働問題はある日突然、不意打ちでやってくるということである。

個別労働紛争の内容は、解雇、配置転換、労働条件の引き下げ、いじめ、嫌がらせなど。たとえば元従業員が、いきなり地方裁判所に労働審判手続の申立てをして、解雇の撤回を要求してくる。労働審判に持ち込まれれば、たいがいは解決金の支払いを余儀なくされ、業務にも影響がおよんで大きなダメージをこうむる。たったひとりの元従業員によって、積み上げてきた利益が吹き飛ぶケースが続発しているのだ。

現在、企業の最大のリスクは個別労働紛争といっても過言ではない。

私は「エビデンサー（証拠調査士）」として、複数の企業の法務部顧問をつとめるほか、数多くの企業から依頼を受けて調査を行っている。

エビデンサーというのは、法人または個人の問題や紛争を解決するために証拠（エビデンス）を集め、分析・調整・教育を実施するプロフェッショナルだ。

つまりトラブルに対して、法的措置だけでなく証拠調査を重ね、合法的かつ円満に解決するのがエビデンサーなのである。アメリカの企業では「プライベートアイ」と呼ばれる証拠集めの専門家がトラブルの対処に携わっているが、日本ではこのような仕事を担っているのは私しかいない。

私は、過去数千件にのぼるトラブルに対応してきた。

膨大な数の案件を扱ってきた経験から確実にいえるのは、企業の問題は法律を盾に相手と戦っても、あまりよい結果は得られにくいということだ。

企業と従業員の紛争にしても、法律は基本的に労働者の味方だ。

大半の企業は、厚生労働省の方針が労働者保護にあり、法律が次々と改正されているという事態を意外と把握していない。

その証拠に、従業員が労働局や労働基準監督署に駆け込んで、相談をする数は年ごとに増加している。企業が厚生労働省の意向をわかって、対策をきちんと講じていれば、これほど相談件数は増え続けていないだろう。


中小企業のみならず大手企業でも、いまだに労働問題に対する備えができていない会社がかなりある。顧問弁護士や社会保険労務士に任せっきりで、労働関係のトラブルの法的整備はだいじょうぶと思い込んでいる。

ところが、企業側の弁護士や社会保険労務士というのは、よほど労働紛争の場数を踏んでいる人でなければ、実はうまく対応しきれない。

たとえば協調性に欠き、おまけに態度が粗暴で、職場を混乱させたあげく業績を下落させた従業員をクビにしたとしよう。誰がどう見ても、その従業員の解雇は妥当だ。にもかかわらず、解雇の正当性を証明し、職場の実情をふまえたうえで臨機応変な対応をしなければ、労働審判では完敗してしまうのである。


個別労働紛争は、従業員側にも問題がある事例はめずらしくはない。しかし、トラブルがこじれて司法や行政に訴えられれば、企業は解決金を支払わされる羽目になる。

なぜ、従業員の一方的な言い分が通ってしまうのか？　企業側は、憤まんやるかたない結果になるのだが、準備が万全でなければ致しかたないのだ。


労使間のトラブルを回避するには、企業は何をすべきなのか。無用な紛争を事前に防止し、利益を維持向上させるにはどうすればいいのか。

本書では、多数の労働問題に対処してきた経験をもとに「誰も知らなかった従業員対策マニュアル」をご紹介する。

企業の現場では今、何が起こっているのか、最新の実態を反映した対応策で、あなたの会社をぜひ守っていただきたい。

平成二二年七月吉日

平塚俊樹

Contents

社長！　油断していると、社員に会社潰されますよ！

第1章 企業を訴える従業員はなぜ増えてきたのか？
――それは労働審判法の施行からはじまった 37

第2章

従業員のトラブルを防止する3つのポイント
——まずは労働基準監督署に足を運ぼう　63

第3章

トラブルを起こさせない就業規則の作り方

——生きたルールの運用で企業を守る！

第4章 解雇をめぐるトラブルから会社を守る方法
——就業規則と労使団結でリスクを回避する 123

第7章

口座差押えのピンチは労使の連帯で切り抜けよ
――仮処分・仮差押え手続の恐怖とは？ 183

エピローグ
トラブルを起こす従業員を見分ける法　227

プロローグ

従業員が企業の最大の敵になる？

企業に入り込んでくるトラブルメーカー

ある企業に、地方裁判所から代表取締役宛の封書が郵送されてきた。

地裁から、いったい何なのだろう？　社長は封を開けてビックリした。

「労働審判手続期日呼出状及び答弁書催告状」

という書類が同封されている。

書類をよく読むと、数カ月前に退職した従業員が、地裁に労働審判手続の申立てをして「退職後の毎月の賃金および未払いの残業代を支払え」と主張しているのである。

こうした事態は今、全国の企業で起こっている。

話し合いのすえ納得して退職したはずの元従業員や、体調がすぐれないとの理由で休暇中の従業員などが、いきなり司法の審判にゆだねて、地位確認（解雇は無効）や損害賠償を請求してくるのだ。

労働審判では、トラブルの原因は企業にある場合が多い。過重な残業を強いたり、安易に賃金カットをしたり、解雇をしている企業はたくさん見受けられる。

私は、法人の案件をメインに請け負っているが、個人からの依頼を受けることもある。不当に解雇された元従業員には、労働紛争の解決のためのアドバイスをしている。

だが、その一方で**従業員が被害者を装い、企業に残業代や多額の賠償金を要求するケースも激増している**。

そういうケースでは、企業側にまったく非がないとはいえない。しかし、常識的に見て「従業員のほうが悪いだろう」という例が最近は少なくはないのだ。

論より証拠。私が昨年（二〇〇九年）扱った案件をご紹介しよう。

T社は、関西の中堅食品関連企業である。創業八〇年、経営者のWさんは創業者の孫で三代目社長。長引く不況にもかかわらず業績は堅調だ。

Wさんの悩みは、有能な秘書が、介護が必要な高齢の両親から帰ってきてほしいと懇願され、退社して郷里にUターンしてしまったということだった。

秘書は、Wさんにとって片腕ともいうべき存在だった。四〇代なかばで社長になったWさんに、ときには遠慮なく意見を言って助けてくれた。そんな腹心の部下がいなくなって、喪失感を感じていたある日のことだった。

Wさんは経営者仲間の友人たちと運営しているインターネットのビジネスサイトを通じて、食品会社管理職のAという男と知り合った。

Aは Wさんより数歳年下の同世代であり、物腰がていねいで、服装の趣味がよく、見た目はエリートビジネスマンといった風貌の人間だ。何度か食事に行って話をしてみると、同業の食品関連の仕事をしていることもあり、たちまち意気投合した。

Aの会社が倒産したという知らせが入ったのは、それから間もなくのことだ。

ちょうどいい。Wさんは、優秀な秘書を失った寂しさから、Aを自社に迎えようと考えた。しかし、ほかの役員に相談をすると、みな難色を示した。「平社員ならともかく、いきなり外の人間を抜擢して役職を与えるのはどうか」というのだ。

それもそうかもしれない、入社させるのは無理だなと思ったWさんに、Aから「会ってほしい」という電話がかかってきた。

会うなりAは、切り出した。

「会社が倒産したので、私はいずれ自分で起業しようと思っています。それまでの準備期間、無給でいいので、T社でWさんのサポートをさせてもらえませんか？　同じ食品業界で働いてきたので、経営ビジョンもあります」

Ａの真摯な言葉に、Ｗさんは心を動かされた。

再度役員たちと話をして、Ｔ社ではなく「関連会社で面倒をみるなら」ということで了承をとりつけた。こうしてＡは、Ｗさんと関わるようになったのだった。

従業員が突然休みがちになったら注意

Ｔ社の関連会社Ｕ社は、食品事業の個人事業主に、法人格を提供している会社だ。

たとえば食品のデリバリーサービスの会社を興したいというアイデアをもっていても、豊富な資金も人脈もないという人がいる。そこでＷさんはＵ社を設けて、三〇代、四〇代の意欲ある数人の起業家たちに、事業を展開しやすいように会社の名前と事業所と口座を貸与しているのである。

つまりＵ社は、個人事業主の集団であり、彼らとＵ社は**雇用関係でなく、業務委託を結んでいる**かたちになる。そういう意味では「起業するまでの期間、無給でＷさんをサポートしたい」というＡを置くには、ぴったりの場所だった。

Ｕ社の業務請負者である個人事業主の手伝いと、Ｗさんの秘書的業務がＡの当面の仕事になった。ほどなくAは、Wさんに「T社とU社に**デスクを置いて、会社のパソコンを使わせてほしい**。あとWさんのサポートをするために、T社とU社の**名刺を作ってほしい**」と言ってきた。たしかに机も名刺もないのでは、仕事のやりようがない。Wさんは、Aの要求を快諾した。

それから一カ月。Aはとてもよく働いた。積極的にWさんと取引先を回ったり、U社内でも夜遅くまでパソコンに向かっていた。

本当によくやってくれるな。感心したWさんは「いくら無給でいいと言っても、これでは申しわけない」と思い、ポケットマネーで謝礼を渡すことにした。

年齢が近く、いつも「Wさんのおかげで勉強させてもらっています」と感謝の言葉を忘れないAに、Wさんはますます親近感と信頼感を高めていった。仕事の後、二人で飲みに行くこともしばしばだった。

事態が転機を迎えたのは二カ月目のことである。

ある朝、出社したWさんがメールをチェックすると、Aからの送信があった。「**具合が悪いのでしばらく休ませてほしい**」というのだ。

休ませてほしいも何も、もともと雇っているわけではない。会社が倒産して、いろいろ心労もあっただろうし、この一カ月こちらが驚くほどがんばっていた。疲れたんだろうと考えたWさんは、「ゆっくり休養するように」とのメールを返した。

Aの態度が変わってきたのは、二週間ほどの休暇をとったのち、ふたたびT社とU社に顔を出すようになったころからだ。

Wさんの執務室に入り浸り、T社の会議にも無理やり出席して、強引な企画を通そうとするということが増えてきた。U社の業務請負者にも、自分の意見を押しつけるようになり、業務請負者から困るという声がWさんの耳に入ってきた。

トラブルのはじまりを告げる内容証明郵便

Aの処遇に悩んだWさんは、

「そろそろ本格的に事業をはじめる準備をしたほうがいいんじゃないか。私にできることは協力するよ。このままじゃ、君だって宙ぶらりんのままだろう」

少々きつい口調でたしなめた。

ところが、Aは「もう少しT社で勉強したい」と言うだけで、行動に移そうとしない。やがてT社の役員の間でも、業績に貢献せず、何をしているのかわからないAに対して、不満がつのってきた。

このままではいけないと感じたWさんは、何度もAを諭したり、奮起をうながすために話し合いをした。しかし、Aはやがて無断で何日も休むようになり、T社にもU社にもまったく姿をあらわさなくなった。

どうしたんだろう？　Wさんは数回メールを送ってみたが、返信がない。

ある法律事務所の弁護士から、**配達証明書付きの内容証明郵便が送られてきた**のは、Aが来なくなって数週間後のことである。

郵便物を見て、Wさんは飛びあがるほど驚いた。

「Aは、T社のW氏により非人間的な扱いを受けたので、一千万円の損害賠償金を払え」という通知だったのだ。その理由は次のようなことだった。

●AはT社と雇用関係にあった
●AはW氏から過酷な時間外労働を強要された

●W氏の暴言などでAは抑うつ状態になった
●T社はAを不当に解雇した

どういうことなんだ？　Wさんは怒るより、訳がわからなかった。役員を集めて、内容証明郵便を見せてみたら、役員のひとりが言った。

「雇用関係にあったって？　そういえば、社長、Aがマンションを借りるときに保証人になってくれと頼まれて、U社の実印を貸しましたよね？　あれ、使って何かしたのかもしれませんよ」

Wさんと役員たちは、全部の書類や帳簿を調べてみた。するとU社の口座から、社会保険の引き落としがされていることがわかった。AはU社の実印を使い、勝手に**厚生年金、健康保険の申請をしていた**のだ。Aの代理人である弁護士は、これが雇用契約にあったという証拠だというのである。

Aは、最初の一カ月間まじめに仕事をしていたころから勤務時間をつぶさに記録していた。さらに驚いたことに、AはICレコーダーでWさんとの会話をこっそり録音もしていた。WさんがAに「先のことをちゃんと考えないとだめだぞ」と強く叱っているところや、

Aが Wさんに「売上げを伸ばすにはどうすればいいでしょう」といった質問をして「こうしなさい」と答えているところを録って、**雇用関係の既成事実をねつ造していた**のだ。そればかりか飲みに行ったときに、Wさんが店の女性を下ネタで笑わせているところなども密かに録音していたのである。

Aの弁護士から郵送されてきた書類には「社員であるAがどれだけT社に非道な仕打ちをされて不当な解雇をされたか、有力な証拠が揃っている」と記されている。

Aは、Wさんに近づく前から周到に仕組んでいたのだ。

危ないと感じたら警察に相談するのも有効

Wさんは真っ青になった。すぐに顧問弁護士に相談をしたが、弁護士は苦りきった顔になり、Wさんに言った。

「名刺を作ったのでしょう？　社会保険に加入している？　社内にデスクもあった？　給料のかわりに謝礼も渡している？　それは雇用関係があったと主張されたら、労働審判でも裁判でも反論するのは難しいでしょう。

それに、Wさんが厳しい言葉で説得しているところや、ワイセツな冗談を言っているところをうまく切りとって録音されているじゃないですか。これを公表されたら、何てひどい社長だと思われても仕方ありませんよ」

損害賠償金一千万円は論外としても、いくばくかの解決金を支払っておさめたほうがよい、というのが弁護士の見解だった。

法律上の解釈ではそうなのかもしれない。しかし、Wさんは納得できなかった。

そこで何人かの知人にあたって、「企業のトラブル解決を請け負う専門家がいる」と聞き、私に連絡してきたのである。

内容証明郵便を見せてもらって、まず私が考えたのは、これは脅迫になり得るということだ。一千万円というのは、一般的な個別紛争の要求金額とは、あまりにもかけ離れている。それを**支払わなければ、世間に公表するとほのめかすのは、ある種の脅し**といえる。

私は、Wさんに所轄の警察署に相談することを勧めた。警察の理解が得られれば、この後、労働審判や裁判になったときに有効だからだ。

警察署に出向いたWさんは、内容証明郵便を刑事さんに提示して、いきさつを説明した。

そして、私がアドバイスした通り、事実を包み隠さず話した。Aを信用して実印を貸してしまったうかつさも、Aの態度が豹変してきたころ説得するために声を荒げたことも、社内でよくワイ談や下ネタで冗談を言ったりすることも。

自分に都合のいい話だけを語るのではなく、弁護士にレクチャーされた法律論を述べるのでもなく、Wさんはありのままを刑事さんに伝えた。

Wさんは、黙って聞いている刑事さんにたずねてみた。

「私は脅されているのでしょうか？」

刑事さんは「そうだ」とも「そうではない」とも言わない。

「この郵便物のコピーをとらせてください。何か危険なことがあったら、また相談に来てください」

刑事さんは、それだけ言って、Wさんは帰された。

会社で待っていた私は、Wさんに警察の反応はどうだったかと聞いた。

「コピーをとっただけで何も言ってくれなかった。無駄足だったな」

Wさんは不満げだ。

そうではないのだ。無駄足どころか大成功だ。経験の少ない若い刑事さんだったら「実害が出ていないのに、そんなこと相談されても警察はどうすることもできない」と言われて門前払いになりがちだ。

運のいいことに、Wさんに対応してくれた刑事さんは、熟練のベテランだったようだ。数々の犯罪と向き合ってきた刑事さんは、相手の顔を見て、話を聞いて、言葉のむこうにある真実は何かを探る。おそらくWさんの説明に虚偽はないと見てとったのだ。

私は、Wさんに言った。

「**警察がコピーをとって記録を残すということは、危険性がなきにしもあらずと判断してくれたっ**ていうことですよ。よくある会社内のつまらないもめ事だと思ったら、また来てくださいなんて言いませんよ」

警察で相談するのが、T社の対応策の第一歩となった。

労働基準監督官の来社、そして労働審判手続

Wさんが警察に行って間もなくのこと。**労働基準監督署の労働基準監督官**がT社にやって来た。労働基準監督署は、労働基準行政の公的機関である。

内容証明郵便を送っても、T社が応じようとしないので、AとAの弁護士は最寄りの労働基準監督署に連絡し、T社に対する是正勧告を求めたらしい。

労働監督基準署はそれを受けて、臨検調査を実施。つまりAが主張する通り、**労働基準関係の法令に違反しているかどうか**を調べに来たのだ。

来社した監督官は、就業規則ほか各種帳簿を検査し、Wさんや役員らを尋問した。

その結果、**就業規則**やAへの**労働条件の明示**があいまいだったこと、**労働時間の管理**がずさんだったことを指摘されて、T社は是正勧告を出されてしまった。

ただ、このときもWさんは監督官に正直に経緯を話し、警察で記録をとってもらったことも伝えている。またAとT社は雇用関係ではなく、いうなれば業務委託であったと説明した。監督官もWさんの話を聞いて、それ以上の捜査は行われなかった。

労働基準監督署の臨検調査から約三カ月が過ぎたころ、地方裁判所からついに**労働審判手続期日呼出状及び答弁書催告状**が届く。

業を煮やしたAは、労働審判手続の申立てをしたのだ。

労働審判については後ほど詳しく述べるが、審理は三回しか行われない。第一回期日、

第二回期日、第三回期日と、だいたい三日以内の期日で結論が出る。第二回期日で調停が成立するケースもよくある。だから三回といっても、**第一回期日でほぼ勝負は決まる**といっていいのである。

しかも、企業側に呼出状が届いてから第一回期日までは通常約一カ月。答弁書の提出期限にいたっては、第一回期日より一週間早い。したがって訴えられた企業側は、三週間できちんとした反論の書類を用意しなくてはならないのだ。

うわあ、これは大変だ。心配そうな顔つきをしているWさんを私は励ました。

「相手は勤務時間を記録していたり、録音を録っているけれど、こちらには何もないのだからとにかく事実を羅列していきましょう。Aと出会ったときのことから、できるだけ正確に思い出してください。それから役員や社員の人たちに、記憶しているAの言動をすべてあげてもらって、時系列でまとめていきましょう」

私は、さっそく作業にとりかかった。

幸いT社の従業員は協力的だった。三代目オーナー社長のWさんは、ときに従業員に辛らつなことも言うし、セクハラまがいの言葉を発したりもする。

だが、経営者としては先進性と堅実さを兼ね備えた優秀な人物だ。従業員のがんばりに感激したりする素直な面もある。そういうところをAに付け込まれたわけだが、従業員は会社と社長を守るため、手分けして書類づくりをしてくれたのである。

労働審判においては、企業側は一枚岩になるのも大事なことだ。

経営者と従業員の関係が良好でなければ、元従業員が訴えたとなれば、みんな「やっぱりな」と受け止めるだろう。「この忙しいのに、そんなことやっていられない」と言う従業員もいるだろうし、そうなれば戦う態勢は整わない。

T社の場合、従業員の尽力で詳細な資料ができた。そして、まとめた書面をT社の顧問弁護士に渡し、法律に合致する文書を作成してもらったのである。

労働審判の和解調書は企業を守ってくれる

いよいよ労働審判手続第一回期日の日となった。

審理を行う部屋に入れるのは、基本的に、申立人であるAとAの弁護士、相手方であるT社のWさんとT社の弁護士だけだ。

審理開始前、控室で私はWさんにアドバイスした。

「緊張して言い間違えても、ごまかしたりしないで正直に話しましょう。むこうはWさんを怒らせて悪者に仕立てようとするかもしれませんが、絶対に挑発に乗っちゃだめですよ。法的な理屈で戦うのではなく、事実だけを隠さず伝えることです」

こう言って、Wさんを送り出した。

労働審判の審理の特徴は、労働審判官と労働審判員が、申立人と相手方に口頭で質問しながら、主張と反論のやりとりをするということだ。

そのため審判官から「弁護士さんは、事実関係について補足質問をしたとき以外は、できるだけ発言しないでください」と言われることが多い。すなわち申立人と相手方、**当事者の発言が審理の重要な判断材料になる**のだ。

Wさんは、策を弄さず、事実を事実のまま話すシミュレーションを徹底してやっていたので、言葉が自然に出てきた。

ところが、Aは質問が重ねられるにつれて、しどろもどろになってくる。Wさんがじっと見つめると、目をそらしてますます言葉につまってしまったらしい。

第二回期日の審理が終了したところで、審判官から調停の打診があった。

「事実関係はわかりました。申立人の請求は、棄却の方向で固まりました。内容証明郵便の内容は脅迫ではないかとの指摘ですが、これは申立人代理人（弁護士）に厳重注意をします。ただ、Wさんは社会的立場もあるでしょうから、和解を結んだほうがいいのではないでしょうか」

審判官からこう勧められて、Wさんは「なぜだ？」と憤った。棄却の方向で固まったということは、Aの請求が正当ではないと認められたっていうことじゃないのか。それなのに、どうして和解しなけりゃいけないんだ？

Wさんの気持ちもわかるが、**審判官の判断には意味がある。**

脅迫めいたことをするAを相手に、訴訟に移って戦いを長引かせても、危害を加えられる恐れがないとはいえない。あるいはインターネットで誹謗中傷を書き込まれるかもしれないし、何らかのかたちでつきまとわれるかもしれない。

それより相手の弁護士費用ということで、解決金を支払ったほうが得策だ。

「労働審判の和解調書があれば、この先、Aがどういう行動に出ても、司法と行政と警察がWさんを守ってくれますよ。**和解を結ばなければ、何年も戦い続けなければいけない。**そのぶん仕事に専念したほうが、T社のためになるでしょう？」

私は、Wさんを説得して調停成立となった。

労働問題回避のリスクマネジメントは必須

労働審判というと、ふだんからよほどひどいことをしているから従業員に訴えられるんだろう、と思っている経営者の方も多いだろう。

しかし、いまや企業は安穏としていられない。

この不況下では、Aのように最初から仕組んでくる輩もいるし、ささいなトラブルに端を発して従業員が手ごわい敵になる。採用するときには想像もしていなかったのに、**いきなり会社に牙をむいてくる人間が増えている**のだ。

Aにしても、私は労働審判で見かけたが、外見からは会社を陥れるようなタイプには見えない。Wさんが見抜けなかったのも当然だ。有能なビジネスマンだったのだろうが、経済状況の悪化と会社の倒産から、気持ちがすさんでいったのだろう。

Aはおそらく、食品業界で業績好調なT社に目をつけて調べ、この会社は隙があると見たのかもしれない。

Ｔ社の案件では、会社側にいくつかの不備があった。就業規則、労働条件、労働時間の管理などなど。これらが明確でなければ、従業員が行政に相談をすれば、行政からいい加減な会社という烙印を押されてしまう。

Ｔ社は事実を述べて、悪質な法違反ではないとわかってもらえたが、従業員の訴えで行政処分を受けるケースも増えているのである。

だから、**労働問題のリスクマネジメントは、労働環境を整備することが基本**になる。抜き打ちで労働基準監督署に臨検をされても「これだけ配慮していればだいじょうですね」というお墨付きをもらえる組織づくりをしておく。それができていれば、無用な紛争を防ぐことができるのだ。

ただし、**個別労働紛争に関しては、完璧な予防というものはない**。粗探しをされて、隙がひとつもない企業はどこにもないだろう。だからこそ、各章で述べる対策を打って、トラブルを未然に防ぐ努力をしていただきたいと思う。

それと、個別労働紛争における労働審判手続の弁護は、弁護士がなかなか引き受けてくれないということも知っておいてほしい。

なぜなら**労働審判になると、まず企業に完全な勝利はあり得ない**からだ。T社の例でもわかるように、棄却と認められても、解決金を支払う結果になる。弁護士は企業側につくと成功報酬が発生しないので、断られる可能性大なのだ。

それに何といっても、労働審判の場合、弁護士は約三週間で答弁書を書かなくてはいけない。審理を含めて、一、二カ月かかりっきりになっては採算が合わない。

多くの中小企業は、元従業員に労働審判の申立てをされて、弁護士が見つからずにノックアウトされている。どうやって答弁書を書いていいかもわからず、従業員が求めるがまま、請求額を払わされているのである。

とにかく個別労働紛争では、企業は厳しい戦いを強いられるのは間違いない。

次の章では、労働問題が激化してきた背景について述べよう。

第1章
企業を訴える従業員はなぜ増えてきたのか？

それは労働審判法の施行からはじまった

従業員救済のための個別労働紛争解決制度

ここ一〇年ほど、個別労働紛争は増加の一途をたどっている。

バブル崩壊以降、経済情勢の悪化、企業組織の変化、労働組合の組織率低下にともなって、個々の従業員と企業間のトラブルが年々増え続けてきたのだ。

こうした状況に呼応して二〇〇一年（平成一三年）に**個別労働紛争解決制度**が施行。これによって、従業員は個人で、あらゆる労働問題の相談、助言・指導、あっせんを行政の機関で受けられるようになった。

各都道府県の労働局、労働基準監督署などでは、無料で個別紛争の解決のために三つのシステムを用意している。

1 総合労働相談コーナーにおける情報提供・相談
2 都道府県労働局長による助言・指導
3 紛争調整委員会（労働問題の専門家により組織された委員会）によるあっせん

労働問題相談件数の推移

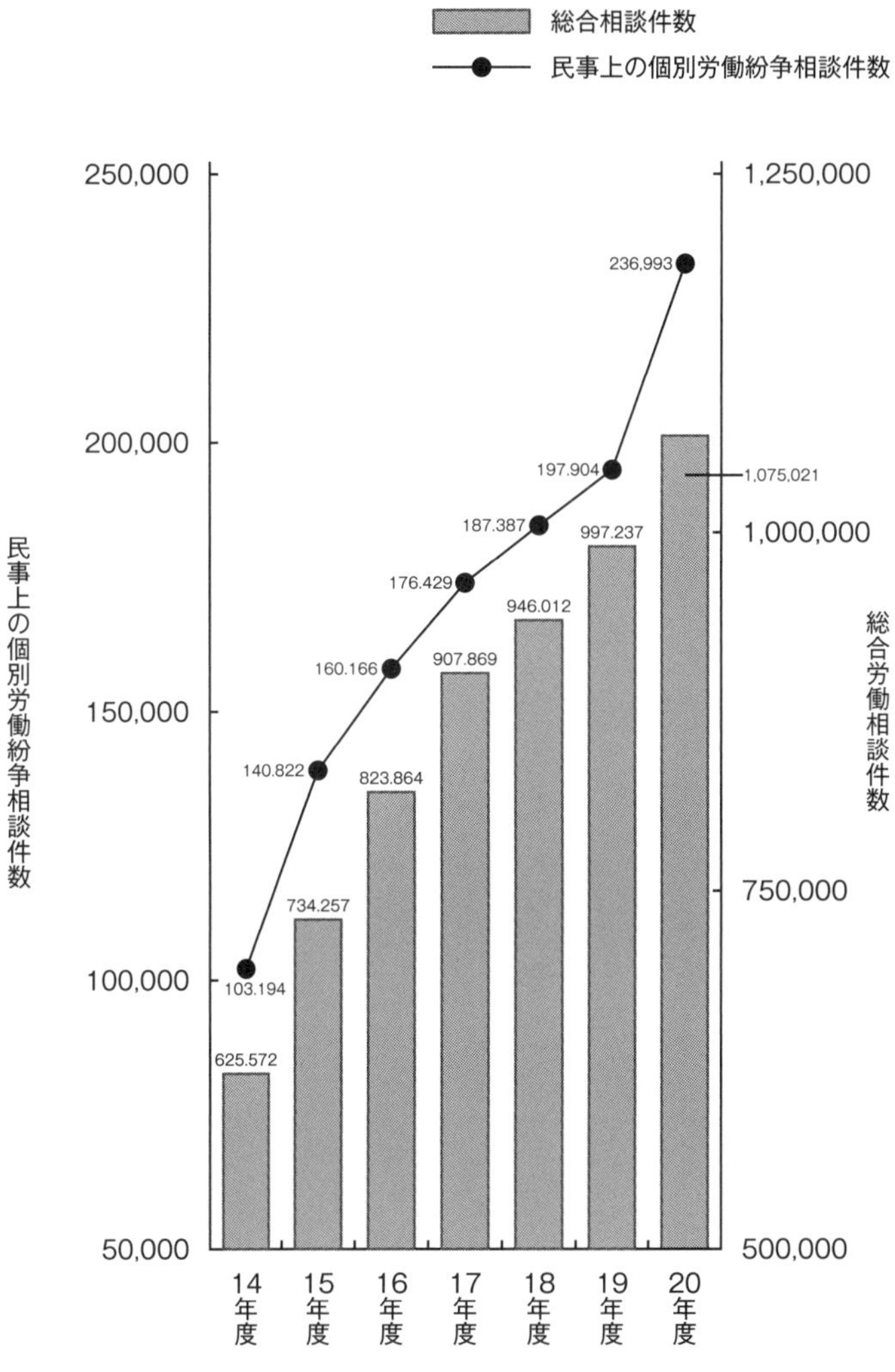

今（二〇一〇年）から約一〇年前、これらのシステムができて、従業員は会社とのさまざまなトラブルを行政に訴えやすくなった。

全国の総合労働相談の件数は、二〇〇八年（平成二〇年）には、ついに百万件の大台に乗った。そのうち労働基準法の違反をともなわない解雇など、いわゆる民事上の個別労働紛争の相談件数は約二三万六〇〇〇件。

都道府県別でみても、総合労働相談件数が一〇万件以上の東京、大阪を筆頭に、製造業の多い地域では、個別労働紛争の相談件数も一万件にのぼっている。

個別労働紛争解決制度は、従業員と企業のトラブルの解決をはかるための制度であるから、もちろん企業側も相談やあっせんの申請はできる。

しかし、**現実には相談者の八〇パーセントが労働者で、事業主からの相談は一二パーセント程度に過ぎない。**実質、従業員を援助するシステムとして機能しているといってもいいだろう。

たとえば上司から暴言などの嫌がらせを受けたとしたら、都道府県労働局で相談し、パワーハラスメントに関する法律にのっとって、会社に助言・指導をしてもらえる。

都道府県別 労働相談件数

	労働局名	総合労働相談件数	民事上の個別労働紛争相談件数	労働局長の助言・指導申出受付件数	紛争調整委員会のあっせん申請受理件数
1	北海道	36.747	7.140	195	303
2	青森	11.275	2.622	76	76
3	岩手	10.699	2.683	55	67
4	宮城	21.777	4.394	118	106
5	秋田	9.579	2.660	58	82
6	山形	9.787	1.845	120	118
7	福島	11.095	4.097	84	77
8	茨城	25.202	5.416	129	121
9	栃木	13.500	2.823	116	166
10	群馬	19.558	5.347	107	108
11	埼玉	55.882	11.491	257	234
12	千葉	25.907	4.737	414	252
13	東京	138.219	25.121	717	1.840
14	神奈川	53.255	14.638	256	282
15	新潟	14.176	2.873	136	141
16	富山	11.006	2.091	107	111
17	石川	7.771	2.098	163	74
18	福井	7.143	2.265	114	105
19	山梨	7.579	2.263	64	75
20	長野	18.908	4.254	182	214
21	岐阜	17.482	4.636	71	119
22	静岡	38.979	4.516	320	242
23	愛知	80.686	11.888	521	440
24	三重	14.573	3.926	144	122
25	滋賀	12.640	2.068	44	122
26	京都	29.875	7.710	137	228
27	大阪	108.009	20.176	425	651
28	兵庫	46.523	10.147	218	222
29	奈良	9.067	2.222	56	186
30	和歌山	8,461	1.625	107	59
31	鳥取	5.571	1.349	25	48
32	島根	6.773	2.485	52	44
33	岡山	16.128	3.074	99	140
34	広島	35.552	9.360	190	166
35	山口	5.324	1.464	302	76
36	徳島	4.313	1.527	76	41
37	香川	7.088	1.239	89	19
38	愛媛	11.040	2.033	72	94
39	高知	5.998	1.033	102	84
40	福岡	42.677	11.491	123	223
41	佐賀	6.793	1.749	41	66
42	長崎	9.526	2.013	103	48
43	熊本	9.268	5.311	272	114
44	大分	6.220	2.365	98	93
45	宮崎	10.000	1.696	44	79
46	鹿児島	9.323	5.583	193	79
47	沖縄	8.067	3.515	200	100
	計	1,075,021	236.993	7.592	8.457

あるいは経営悪化を理由に解雇されたら、紛争調整委員会のあっせんにより、職場復帰がかなうこともある。

個別労働紛争解決制度がスタートしてから、従業員にとっては、労働問題をめぐる行政機関の敷居はぐっと低くなった。逆に企業側にとっては、行政から改善を求められる、簡単にいえばお叱りを受ける機会がうなぎのぼりに増えていったのだ。

裁判になれば従業員はギブアップするしかない

二〇〇〇年ごろから、企業は大量解雇を断行したり、長時間労働の強要、会社都合で配置転換させるなど、従業員が厳しい状況に置かれていたのはたしかだ。

そうした現実をかんがみて、二〇〇一年に個別労働紛争解決制度ができ、それとともに**訴訟に持ち込まれるケースも増えていった。**

個別労働紛争解決制度には、法的な強制力はない。そのため都道府県労働局の助言、あっせんでも解決できなければ裁判に踏み切ることになる。

たとえば解雇された従業員が、解雇は不当だとして、行政にあっせんを申請したとしよ

う。あっせん委員が調整を試みても、企業側が不当ではないと主張すれば、民事訴訟など
に移行する場合もあるわけだ。

これは、ある意味で企業側の逆襲だった。

個別労働紛争解決制度の施行から、それまで弱い立場に立っていた従業員が企業に対抗
できるようになった。

しかし、何でもかんでも行政に相談されて、そのたびに解雇を撤回させられたり、解決
金を支払わされたのでは、企業はたまったものではない。

じゃあ、どうすればいいか。行政の助言やあっせんを断固突っぱねて、裁判に持ち込ま
せる。そして究極的には訴訟を何年も長引かせれば、企業は絶対に勝てるのだ。

通常の訴訟になれば、個人は圧倒的に不利だ。裁判で時間も費用もかかれば、従業員側
はギブアップするしかない。

実際に、従業員の正当な要求さえもすべて退けて、裁判で全戦全勝の企業もたくさんあ
った。訴訟では、訴えた側に立証責任がある。敏腕弁護士でもつかない限り、資金や立証
のノウハウがない従業員側に勝ち目はないのである。

このような状況をみて、またまた行政が動いた。

二〇〇四年（平成一六年）に**労働審判法が制定**され、二〇〇六年（平成一八年）から**労働審判手続制度が施行**されたのだ。

せっかく個別労働紛争解決制度をつくって、泣き寝入りするしかなかった従業員を救済しようとしたのに、裁判になれば従業員は依然負けっぱなしだ。

そのころ過労死が相次ぎ、失職を理由に自殺する人も増えていた。そこで、企業と個々の従業員のトラブルを迅速に解決する労働審判手続という制度を設けたのである。

労働審判開始から企業の受難がはじまった

労働審判手続とは、どういう制度なのか。

これは個別の労働関係民事紛争を、**労働審判官（裁判官）一人と、労働審判員二人（労働組合幹部や企業の人事担当者など）による労働審判委員会が、三回以内の期日で審理をする審判制度だ。**

たとえば長期にわたる残業で体調を崩した従業員が、労働基準監督署に相談をして、労働基準監督署から企業に改善の勧告が入ったとする。

しかし、企業側は「体調を崩したのは従業員個人の問題だ」として、勧告を受け入れない。となれば、従業員は、地方裁判所に労働審判の申立てをして、企業と争うことができるのである。

地方裁判所は、申立てを受けて、労働審判手続期日呼出状及び答弁書催告状を企業に発送する。そこには「あなたの会社の従業員(または元従業員)から労働審判の申立書が提出されたので、何月何日の第一回期日に出頭してください」と書いてある。

審理の第一回期日は、概ね一カ月後。答弁書の提出期限は三週間後。

企業側は、三週間で答弁書を作成して、一カ月の間で従業員の申立書に対する反論の準備をしなくてはならないのだ。

期日における審理は、法廷ではなく、地方裁判所の一室で行われる。

労働審判委員会(一人の労働審判官と二人の労働審判員)、そして申立人(従業員)と代理人(弁護士)、相手方(企業代表者)と代理人(弁護士)が丸いテーブルを囲む。

労働審判手続は、原則として三回の期日で決着をつけるが、第一回期日、第二回期日で話し合いによる解決の見込みがあれば、調停を試みることになる。企業側が解決金などを払うことで調停が成立すれば、そこで審理は終了。

しかし、第一回期日、第二回期日で調停成立にいたらない場合は、第三回期日まで三回審理をして、労働審判委員会による労働審判が下される。審判に対して、異議がなければ確定。異議申立てがあれば、訴訟に移行することになるのである。

労働審判手続の最大の特徴は、何といっても**短期間で審理がされ、費用もさほどかからない**ということだ。

平均審理期間は二カ月から三カ月。だいたい**全体の七、八割で調停が成立**している。三回審理をして審判にいたるのは二割程度。そのうち労働審判に異議申立てをするのは六割程度だ。

申立て費用は、簡易裁判所で行われる民事調停と同じく、請求金額に応じた額になる。残業代百万円を企業に請求するとしたら、五千円である。従業員は代理人を立てず、自分で申立てをすることもできるが、通常は弁護士に依頼する。だから、弁護士費用は必要だが、三回で終結するので**経済的な負担は訴訟ほどではない。**

この労働審判手続の施行から、企業の受難の時代が幕を開けたといってもいいだろう。

労働審判の流れ

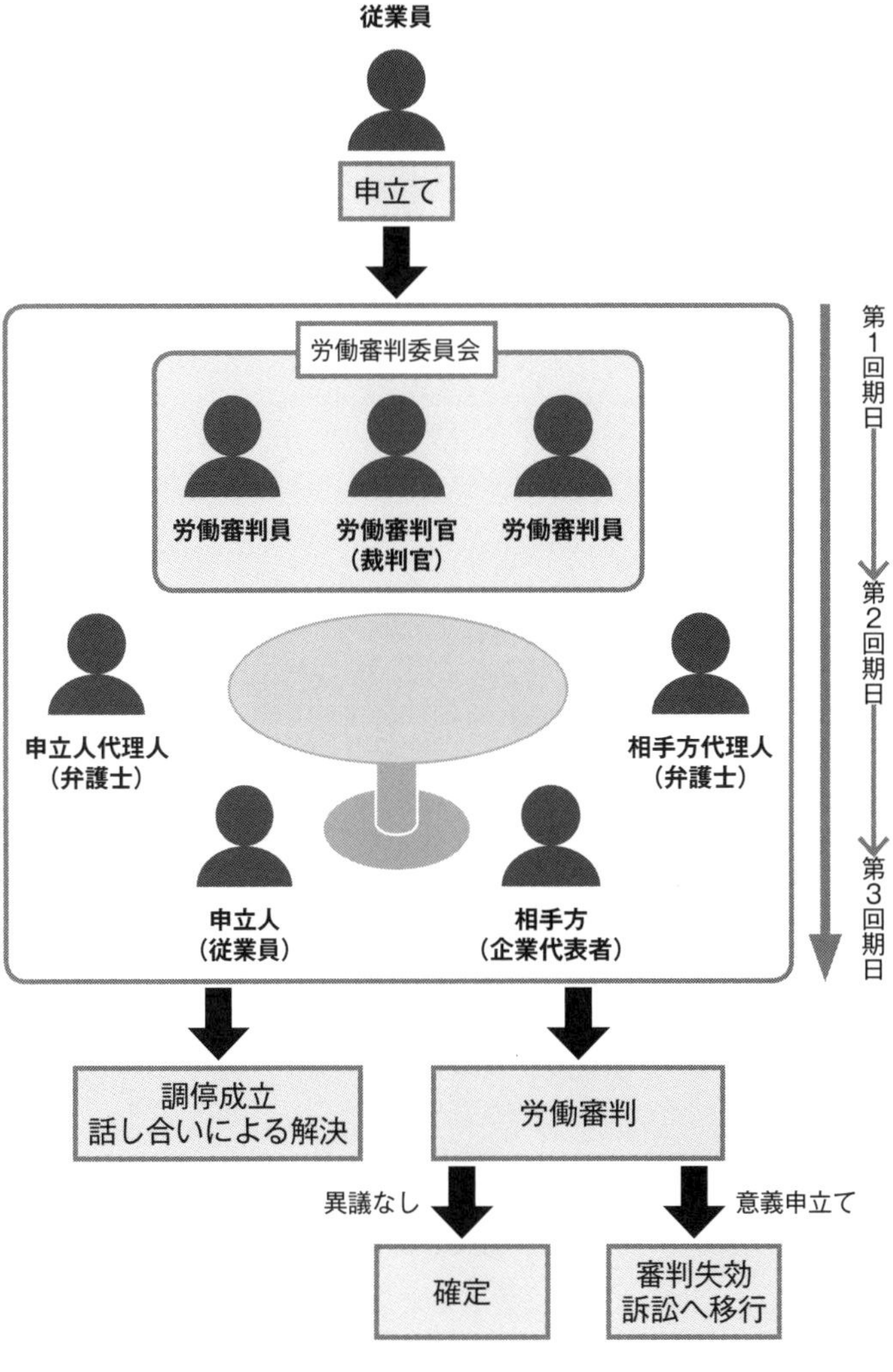
従業員
申立て
労働審判委員会
労働審判員
労働審判官
（裁判官）
労働審判員
申立人代理人
（弁護士）
相手方代理人
（弁護士）
申立人
（従業員）
相手方
（企業代表者）
第1回期日
第2回期日
第3回期日
調停成立
話し合いによる解決
労働審判
異議なし
意義申立て
確定
審判失効
訴訟へ移行

労働審判手続申立てを後押しする弁護士たち

二〇〇六年に労働審判がはじまって、件数は急増している。

二〇〇七年は一四九四件、二〇〇八年は二〇五二件、二〇〇九年には三〇〇〇件を超えた。毎日全国どこかの地方裁判所で、一〇件の審判が行われているということになる。

労働審判は、民事訴訟よりずっと迅速に解決がはかられ、費用もかからないうえ、大半は調停が成立して従業員の訴えはかなりの確率で認められる。

そのため、解雇などを不服とする従業員が、われもわれもと申立て、労働審判員の確保ができない地裁が出ているほど増えているのである。

労働審判の件数が激増しているのは、もともとは企業が大量解雇や過重残業の強要なんていうことをやっていたからだ。

そんな状況を打開するために、一〇年前に個別労働紛争解決制度が導入された。ところが、多くの企業は資金と法律を盾に、訴訟で勝ち続けてしまった。それを見かねた行政は、**労働審判手続制度をつくって従業員大勝利という逆転現象が起こっている**のである。

こうした現象を後押ししているのは、従業員側につく弁護士だ。

これまで町の弁護士の収入源は、サラ金などの過払い訴訟だった。電車や地下鉄やバスに乗ると、よく「借金でお悩みの方はご相談ください。○○法律事務所」という広告を見かけると思う。

ところが二〇一〇年（平成二二年）六月の改正貸金業法の施行を契機に、過払いのトラブルが減るのは間違いない。それによって**大量の弁護士たちが、数年前から個別労働紛争にシフトしてきている**のである。

とくに二〇〇六年に労働審判が開始してから、その傾向は顕著になってきた。

労働審判の代理人は、弁護士にとっておいしい仕事だ。企業に「年収の約半額の解決金を支払え」という審判や、「一年分の残業代を支払え」という審判が下されるケースも少なくはない。しかも審判や調停の内容は、裁判の和解と同等の効力がある。企業側が、確定した審判に従わないと、強制執行することもできるのだ。

増え続ける個別労働紛争は、弁護士のこれからの稼ぎ口になる。

なぜなら、**就業規則や労働条件の準備ができている企業はほとんどない**からだ。弁護士は、従業員から依頼されて、就業規則などを調べれば、審判で従業員の主張が通るということはすぐにわかる。企業のほうは、従業員の弁護士に「就業規則に、このような理由で解雇するとはどこにも書いていないじゃないか」と言われれば返す言葉がない。

労働審判では、数多くの企業が、就業規則や労働条件通知書の不備を指摘されて負けている。ということは、**従業員側の代理人になった弁護士は、確実に簡単に成功報酬が得られる**ということだ。

こうして今、弁護士がものすごい勢いで労働問題にとりかかっているのである。

「弱者の制度」を悪用する人間が増えている！

ここまで個別労働紛争が激化してきた経緯をざっとみてきた。

問題は、**最近は労働基準監督署で相談をしたり、労働審判手続の申立てをする従業員の主張が正当なものばかりではない**ということだ。

さきにも少し述べたが、個別労働紛争では弁護士は企業側につきたがらない。負けるとわかっている戦いはしたくないからだ。だから企業のトラブル解決を多く扱っている私に依頼が来るのだが、調査に着手してみると、これは従業員が悪いだろうというケースが驚くほどたくさんある。

もちろんクライアントの企業側が悪い例だって、決して少なくはない。企業に落ち度があるとわかれば、私はできるだけ会社の利益に支障がないようなかたちでの和解を勧め、その方法をアドバイスしている。

しかし、一方で上司にちょっと叱られただけで「パワハラを受けた」とか、無断遅刻、無断欠勤を続けたあげくに「残業代を払え」という従業員はめずらしくない。どう見ても能力が不足していて、よく話し合って退職したはずなのに「解雇された」と主張して、労働審判手続を申立てる従業員もいる。

怖いのは、プロローグのT社のAのようなタイプだ。このごろは明らかに**解決金狙いで、個別労働紛争を仕組んでくる人間がいっぱいいる**のだ。

これは司法も行政も薄々気づきだしている。

元判事のある弁護士さんは、こう言っていた。

「昔は労働紛争で訴えてくる従業員の言っていることは嘘じゃなかった。企業に痛めつけられて、勝ち目のない訴訟をして、それでも真実を伝えたくて何年も戦っていた。ところが、今はそうではないらしい。私たちの間でも大問題になっている」と。

個別労働紛争解決制度も、労働審判手続も、もともとは弱者である従業員のためにつくった制度だ。

個別労働紛争の相談の内容は、解雇、労働条件の引き下げ、退職の勧め、いじめ、嫌がらせなど。相談者は、正社員が半分近くを占めているが、派遣社員や期間契約社員からの相談も増加している。

労働審判にしても、正社員だけでなく、パート、アルバイト、派遣社員と、労働者なら誰でも申立てはできる。しかも審理は、労働審判委員会が主に事実関係に関して両者の言い分を聞いていくので、難解な法律の専門知識もあまり必要ない。

これらの制度そのものは、労働にまつわるあらゆるトラブルと、あらゆる労働者をカバーするよいシステムといえるだろう。

だが、今、これが**悪用されているという現状がある。**従業員の意図がどうであれ、労働者は弱者であるという前提のもと、企業は解決金を支払うほかないのである。

民事上の個別労働紛争相談の内訳

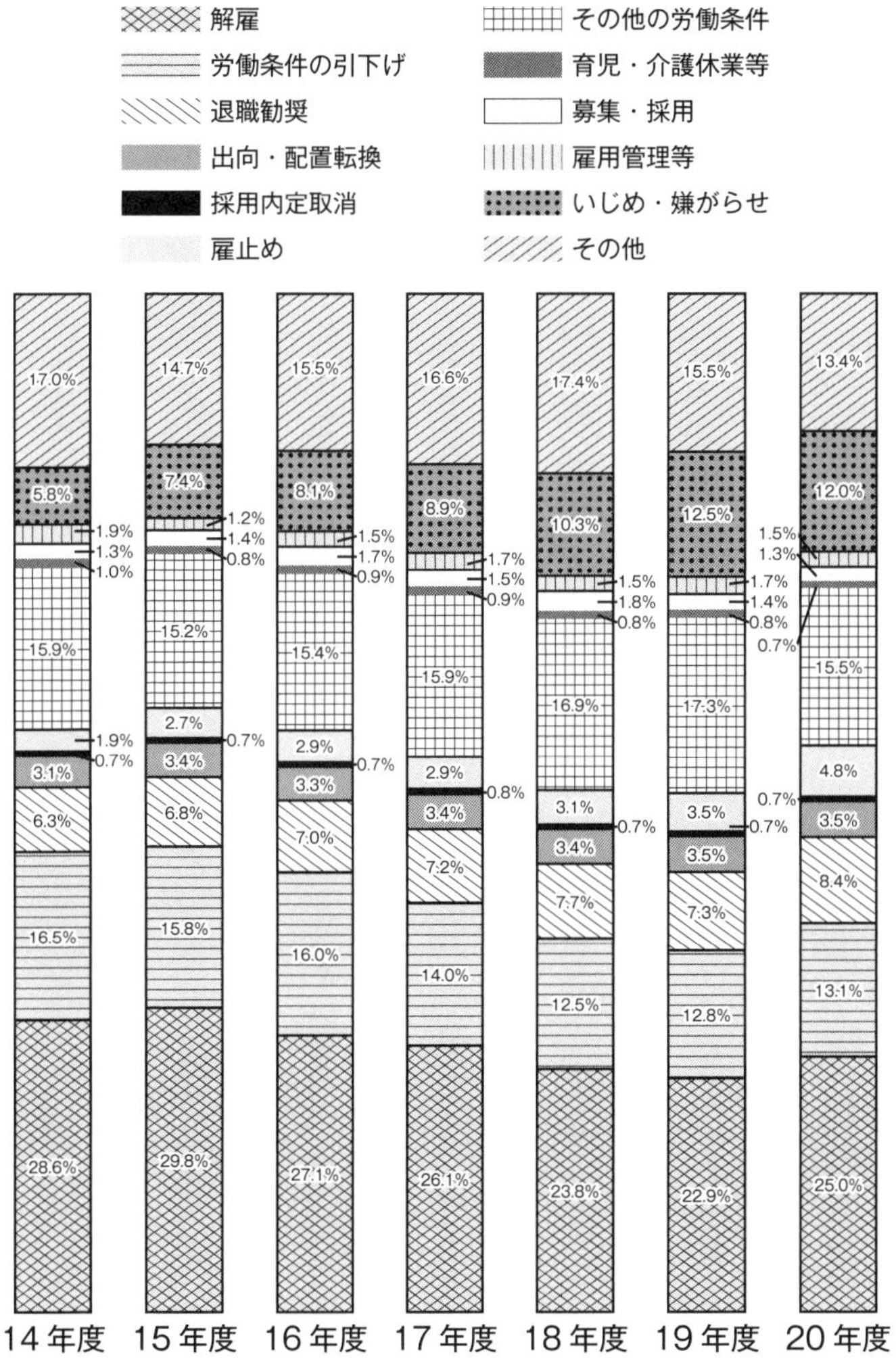

労働審判は企業が傾くリスクを含んでいる

従業員が、**都道府県労働局や労働基準監督署に駆け込んで相談→労働審判手続の申立て**というのが、企業が混乱に陥れられるパターンである。

パート従業員に過酷な残業をさせたり、気に入らない派遣社員をいじめたり、使い捨てのごとく解雇するような企業は、訴えられても当然だ。

しかし、上司の常識的な叱責を逆恨みするような従業員もいる。わざとトラブルを起こし、解決金をせしめようとする輩も増えている。

そんな従業員から訴えられて、労働審判までいくと企業は痛手をこうむる。

私は、この数年、全国の大小の企業から依頼を受け、個別労働紛争で困窮している企業をたくさん見てきた。

従業員のささいな問題を見過ごしているうちに、**行政から目をつけられ、労働審判手続の申立てをされ、しまいに業績にまで悪影響がおよぶ**のである。

ここで労働審判がどう企業の業務に波及するのか、整理しておこう。

民事上の個別労働紛争相談件数の推移（就労形態別）

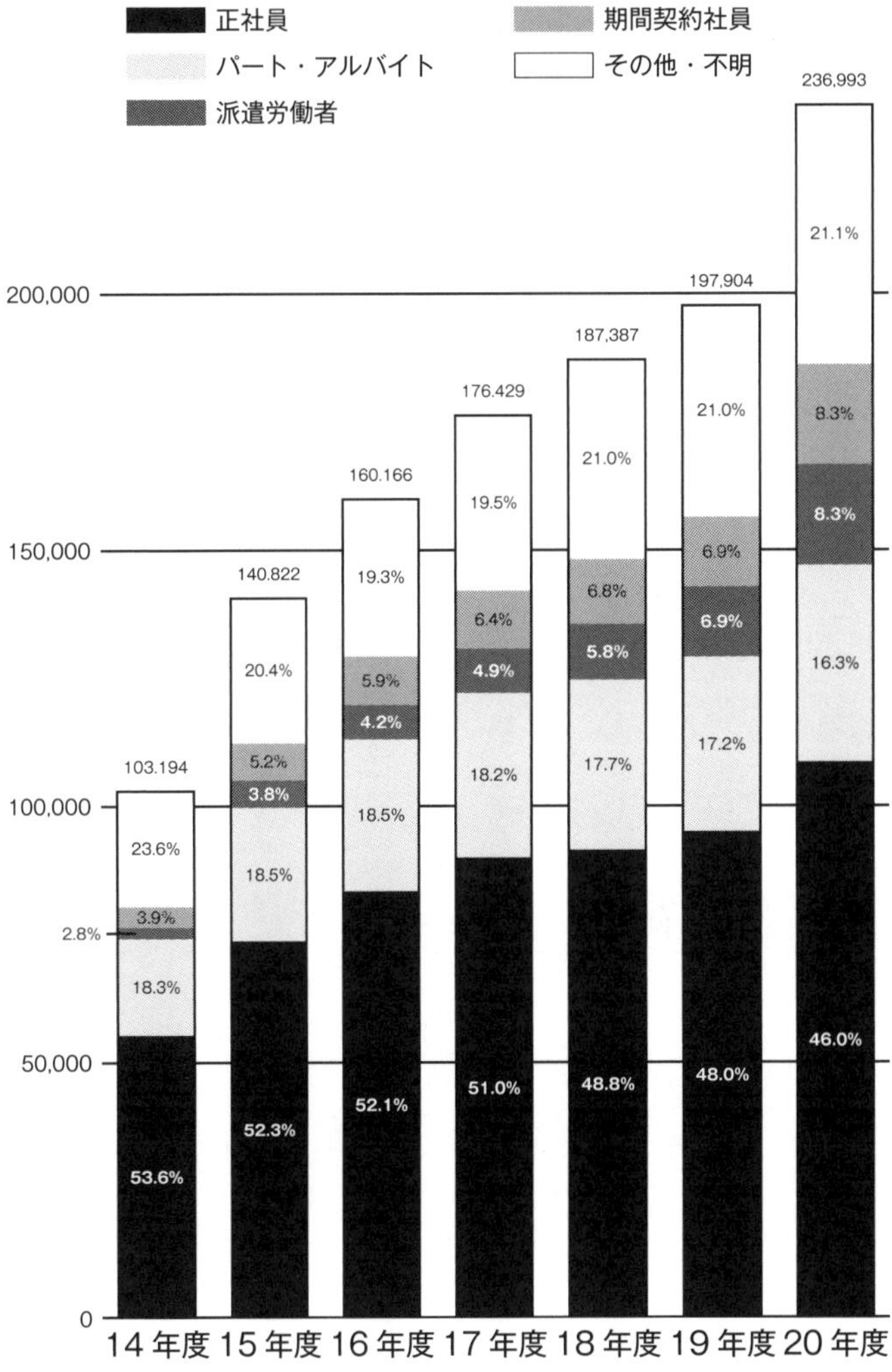

▼最低一カ月は業務がストップする

先に述べたように、労働審判手続期日呼出状及び答弁書催告状が送られてきてから、答弁書を提出するまで約三週間しかない。

しかも労働審判は、第一回期日、第二回期日で調停が成立する例が多い。つまり第一回期日でほぼ審理の方向は固まるということであり、申立てをされた企業は、三週間のうちに従業員の申立書に対抗できる答弁書を作らなくてはいけないのだ。

従業員側は、時間をかけて証拠を揃え、申立書を地裁に提出している。ところが不意打ちで呼出状が郵送されてきた企業は、三週間しか猶予がない。

企業は、従業員総動員で「あのときはこうだった」「あのとき誰がこう言った」という事実確認をする作業に追われる。これを三週間、そして第一回期日、第二回期日、第三回期日と審理が続けば、その間業務が止まってしまうのである。

▼引き受けてくれる弁護士がいない

中小企業では、顧問弁護士がいない、あるいはこの不況下で弁護士との顧問契約を打ち切った企業もかなり見受けられる。しかし、それは労働審判に持ち込まれた企業にとって致命的だ。個別労働紛争は企業には勝ち目がないため「労働審判」と言っただけで、大多数の弁護士は断るだろう。

代理人を立てずに戦うこともできるが、法律に適合する答弁書を効率的に作るには、やはり弁護士に依頼したほうがいい。ところが、誰も引き受けてくれなければ、三週間の間に自分たちで書かなければならない。

そうなれば、ますます業務に支障が出てくるし、審理で法律的な議論になったときに相手の弁護士に反論できないのだ。

▼期日中、社長はずっと拘束される

従業員側の申立書には、相手方として「○○株式会社　同代表者代表取締役　○○○○」と書かれている。たとえば元従業員と直属の上司とのトラブルが原因であっても、元従業員が争う相手は上司ではなく「会社」だ。

だから審理には、代表者として社長が出頭することになる。指定された第一回期日が、たとえ取引先との重要な契約の日であっても「この日はだめです」なんて言うことはできない。社長が営業に自ら動かなくてはならない中小企業などは、企業活動が立ち行かなくなってしまう場合も多々あるのだ。

▼解決金の支払いは特別損金扱いになる

労働審判がいちばん恐ろしいのはこの点だ。

顧問弁護士がいない企業は、高額の費用を積んで、頼み込んで引き受けてもらうしかない。そうしてやっと弁護士に代理人になってもらい、審判で従業員の申立てがこじつけとわかっても、請求金額が引き下げられるだけで、解決金はいやおうなく支払わされる結果になる。そして、それらは特別損金扱いになる。

損金が計上されるとどうなるか。まず株主から「なんで顧問弁護士がいなかったんだ」と指摘されるだろう。さらに「リスク管理ができていない」と批判されるはずだ。もっと怖いのは、一連のゴタゴタで業績が落ちて、金融機関から融資を引きあげられてしまうことだ。最終的には、経営陣が退陣に追い込まれる例も出ているのである。

労働審判は、このように企業が傾くリスクを含んでいる。だからこそ企業は、労働者のための制度を悪用させないような体制を整えておかなければならないのだ。

何よりも社内の協調がトラブルを未然に防ぐ

労働審判手続の申立て件数が増えているにもかかわらず、有効な対策を打ってない企業があまりにも多い。

労働審判が何なのかも知らず、就業規則がなぜ重要なのか、どうして簡単に従業員を解雇してはいけないのかさえ、よくわかっていない経営者もよく見かける。

また個別労働紛争対策を講じていても、顧問弁護士や社労士（社会保険労務士）に丸投げしている企業がほとんどだ。就業規則や労働条件の書面を、法律上整えてもらって、これで従業員とのトラブルは防げると考えている。

弁護士や社労士に一任しているのが、そもそもの間違いなのである。

個別労働紛争というのは、本来が人間と人間のトラブルだ。

弁護士や社労士に、法律に則した書類を作ってもらうのはいいが、それを運用するのは企業の経営者と従業員たちなのだ。

どんなに企業側が法律で武装していても、従業員に不満が芽生えることはある。

私はよく「労働局に訴えてやると騒いでいる従業員がいる。解決してほしい」といった依頼を受ける。そのようなケースでは、会社の労働関係書類を精査したうえで、従業員の本音や性格を見極めて会社側と話し合いをさせる。そうすれば、息巻いていた従業員も「自分の言い分は通らないんだな」と納得して矛をおさめるものだ。

法にこだわる弁護士や社労士は、これができないのである。

だいたい社労士というのは、労働問題のプロではない。二〇〇七年（平成一九年）に社会保険労務士法が改正され、厚生労働省による研修と試験に合格した社労士が特定社会保険労務士として、個別労働紛争における裁判外紛争解決手続（ＡＤＲ）の代理業務ができるようになった。

しかし、特定社会保険労務士にしても、認可されているのは都道府県労働局のあっせんや調停の手続の代理までだ。**労働審判では、原則として弁護士しか代理人になれないし、相手に拒否された場合は社労士は審理を傍聴することもできない。**近ごろは多くの社労士が、書類作成から労働審判にまで関わっているが、はっきりいって企業の盾になっているとは思えないのだ。

個別労働紛争の防止でいちばん大事なのは、それぞれの企業で経営者と従業員がひとつになって会社の風通しをよくしていくことである。

いくら完璧な労働契約書を作成しても、生身の人間の感情はこじれてトラブルにつながるものだ。さらに、そのトラブルが労働審判へと移ったら、実は弁護士にも有効策はわからない。裁判と違い、**労働審判は非公開なので情報がない**からである。

ただし、法的な書類の作成と、労働審判の代理人は弁護士にしかできない。だから労働問題である程度の実績があり、なおかつ労働紛争を人間関係のトラブルとしてとらえられる弁護士との顧問契約は絶対に必要だ。

私が顧問をつとめる企業では、これまでに扱った多くの個別労働紛争解決のノウハウをもとに、経営者と従業員が一緒に労働関係書類をつくっている。また今までに培ってきた人脈から、顧問弁護士も紹介している。

経営者と従業員の協調、そしてよい顧問弁護士がいれば、個別労働紛争の拡大はかなり回避できるといっていいだろう。

第２章

従業員のトラブルを防止する３つのポイント

まずは労働基準監督署に足を運ぼう

ポイント1　労働基準監督署で書類を準備しよう

従業員との間にトラブルが起これば、企業は窮地に追い込まれる。最悪の場合、会社が潰れるリスクもあるということは、だいたいおわかりいただけたかと思う。

であれば、どのような対応策を打てばいいのか。

ここから具体的に、従業員対策マニュアルを述べていこう。

個別労働紛争解決制度や労働審判手続制度を悪用させないようにし、不要なトラブルを防止するには、大きく分けて3つのポイントがある。

1　就業規則や労働条件などの書類を準備する
2　整備した書類を適切に運用する
3　企業と従業員が協調してトラブルを防止する

最初にやらなくてはいけないのは、労働関係の書類を準備することだ。

第1章で述べたように、これだけ個別労働紛争が増えているのに、**就業規則や労働条件通知書などの書類**が揃っていない企業が多い。また就業規則も、昔作ったものを顧みることもせず、埃をかぶったままになっている企業がたくさんある。

従業員が、たとえば異動について不服を言ってきたとしたら、説得材料となるのが就業規則の記載である。「このような場合は、異動を命じることができる」という一文があれば、話し合いで解決することも可能だ。

ところが、明文化された就業規則がなければ、たがいに感情的になって、面倒な紛争につながりやすい。そうなったときに労働審判手続の申立てをされれば、企業側は弁解の余地がない。異動についてきちんとした文書がどこにもないと、審理の壇上に登ることもできない。労働審判委員会に**「就業規則もない、いい加減な会社は論外」**とみなされて、不利な審判が確定してしまうのである。

したがって就業規則がないとか、あっても有名無実化しているなら、まずは会社の最寄りの**労働基準監督署**に行っていただきたい。

労働基準監督署の署内には、適正な労働環境や労働条件を確保するためのさまざまな書類作成の手引きが用意されているコーナーがある。就業規則の手引きであれば「このように作りなさい」という説明が詳しく書いてある。それらのなかから、それぞれの企業に必要なものを全部揃えるのである。

揃えるべき手引きは、就業規則だけではない。**業種や業態、事業場によって、労働基準関係法令は異なる。**また自治体によっても、細かい法律や規則は違うことがある。

建設業、運送業、製造業、小売業、飲食業などなど、職場の実態と地域の実情にそった書類を作成するための手引きをすべて集めてほしい。

それから大事なのは、**最低賃金**についての資料だ。個別労働紛争では、最低賃金の額を調べられることが多い。最低賃金に関しても、労働基準監督署には厚生労働省の通達書類があるので忘れずにもらってこよう。

ポイント2　就業規則は随時運用しよう

さて、労働関係書類の手引きを揃えたら、手引きにしたがって、会社の憲法ともいえる就業規則を作ることからはじめてほしい。

ここで最も重要なのは、**経営者と従業員が話し合って就業規則を作成する**ことだ。経営者が企業に都合のよい就業規則を作ったら、従業員だって納得しないだろう。労使の合意ができていない就業規則では、トラブルが起きたときに問題が紛糾する。だから就業規則の作成にあたっては、従業員の意見をとり入れることが不可欠なのだ。

ただし、就業規則が完成して、労働基準監督署に届け出たら、これで終わりと思っていけない。

就業規則を作るのは、トラブルを防ぐ最低条件。労働関係の書類を整備したら、それを**運用するのが要**となる。

適切に運用するには、一カ月に一回は労働基準監督署に行って、厚生労働省のパンフレットやチラシが置いてある棚をチェックすること。

労働関係の法律には、

労働基準法
労働契約法
最低賃金法
労働安全衛生法

ほか、いろいろな法律がある。これらの法律は、経済情勢や社会状況を反映して、どんどん改正される。法律が改正されれば、全国の労働基準監督署には、必ずお知らせの文書が配布される。それを常にチェックして、通達のパンフレットやチラシをもらい、重要な箇所にはマーカーを引く。そして、ファイリングして整理しておくのである。

さらに、**法律改正によって就業規則を変更しなければならない場合もある。**例をあげると、二〇〇八年（平成二〇年）に労働安全衛生法の改正で、健康診断の項目が変わっている。これなども業態によっては、就業規則の「安全衛生および災害補償」の記載を変える必要が出てくるだろう。

就業規則を変更する場合も、やはり経営者と従業員が話し合うことが肝要だ。経営者が勝手に変更するのではなく、従業員の意見をよく聞いたうえで変える。そうして、これもただちに労働基準監督署に変更を届け出る。

多くの企業は、顧問弁護士や社会保険労務士に就業規則などを作成してもらって、あとは自分たちで運用するということをしていない。トラブル防止のスタート地点で止まっているといってもいい。就業規則や労働条件の書類は、必要に応じて変更を加え、運用していかなければ意味がないのだ。

ポイント3　労使が協調してトラブルを防ごう

かつての終身雇用というシステムは崩れ去り、いまや非正規雇用が三分の一を占める時代になった。派遣社員、パート、アルバイトが過半数という職場はめずらしくないし、正社員にしても短期間で入れ替わる。

現在は、家族構成もよくわからない従業員を多数雇用している企業が目立つ。仕事が終わって職場を出れば、たがいにどこで何をしているか見当もつかない。

そうした状況のなか、**ほんの数カ月前に雇用した従業員が、突然、労働審判手続の申立てをする事態が多発**している。

勤続期間が短く、人間関係が築かれていないうちにトラブルが起こり、個別労働紛争へと発展する例が最近は非常に多いのだ。

これを防ぐためには、**経営者と従業員との協調態勢をつくるのが最善の方法**だ。

就業規則の整備とその運用をするとともに、経営者と従業員は常にコミュニケーションをとって、不正や争いごとが起こらないようにするのである。

たとえば労働組合がある企業なら、経営陣と労組の幹部が、定期的に意見を交換する。労組がなければ「職場の環境をよくする会」といった組織をつくって、経営者と従業員の代表が積極的に交流していく。要は飲みニケーションのような場を設け、労使が腹を割ってざっくばらんに話し合える環境づくりをするのだ。

それと同時に、**従業員の悩みを聞く場を用意しておく**のも大事なことだ。

産業医やベテランの管理職が面接をして、従業員のストレスを把握する。さらに、その情報をもとに、職場環境の改善をはかる。そうやってトラブルの芽を早めにつみとっておくことも、紛争回避の有効な手立てとなるだろう。

労使の協調というのは、つまりは**経営者と従業員が会社の環境をよくする意識を共有するということだ。**

経営陣だけが、いくら「いい会社にしよう」「職場をよくしよう」と旗を振っても、従業員がついてこなければ実現性は低い。だから経営者サイドからアプローチして、従業員側の声を汲みとるべきなのだ。

若い従業員が、すぐに辞めてしまう企業は、こういうことをやっていない。

そのため従業員の不満が蓄積しがちで、「会社を訴えてやる」という事態を招く。また、

会社を守るための3つのポイント

書類

労働基準監督署に行き
↓
- 職場の実態に合った就業規則を作るための書類を揃える
- 業種・事業場により必要な書類を揃える
- 最低賃金表を作るための書類を揃える

運用

- 事業主と従業員が話し合って就業規則を作る
- 1カ月に1回は労働基準監督署に行き、法律改正などの通達書類をチェックして、書類にマーカーを引いたうえでファイリングする
- 法律改正などにともない就業規則を変更する場合は、事業主と従業員が話し合ったうえで変更し、届けを出してファイリングする

協調

- 不正や争いごとを防ぐため、事業主と従業員は常にコミュニケーションをとる
- 事業主は従業員の悩みを聞く場を設ける
- 事業主と従業員はともに会社の環境をよくする意識を共有する

何社も渡り歩いているトラブルメーカーなら、協調性のない雰囲気を見てとって「労働審判に持ち込んで損害賠償をせしめてやろう」とたくらむだろう。

経営者と従業員がコミュニケーションをとって結託していれば、個別労働紛争を防止する鉄壁となる。かりに、ふとどきな輩に理不尽な訴えをされても、ほかの全従業員が会社の味方につけば、これほど強いものはないのである。

司法警察権をもっている労働基準監督署

労働基準監督署に足を運んで、就業規則を作成し、それを運用する。さらに経営者と従業員がいつもコミュニケーションをとり、協調してトラブルの発生しない職場環境づくりをする。これが会社を守る原則である。

労使の協調に関しては、後の章で詳述するので、ここでは就業規則の作成と運用にかかわる労働基準監督署の役割について述べておこう。

私は、新興企業の問題解決や経営コンサルティングを請け負うことも多いが、労働基準監督署対策ができていない企業は実に多い。とくに比較的若い経営者は、コンプライアンス（法令遵守）という言葉をさかんに口にしながら、**労働法令違反を監督する労働基準監督署の役割をちゃんと認識していない**。はっきりいって、このような経営者の認識不足が、すでにトラブル発生の土壌をつくっているのだ。

では労働基準監督署とは、どのような行政機関なのか。

厚生労働省において労働行政を主に担うのが、雇用均等局、職業安定局、労働基準局などだ。これらの管轄下に、都道府県労働局が四七局設置されている。さらに各都道府県の労働局の管内に複数設置されているのが、労働基準監督署と公共職業安定所（ハローワーク）なのだ。

労働基準監督署は、全国に三二二署と四支署が設けられている。したがって、**事業主や労働者のいちばん身近な窓口となる第一線機関**なのである。

労働基準監督署の個別労働紛争に関連する仕事は、厚生労働省・労働基準局のホームページに次のように記されている。

1 企業の職場に対する監督指導

2　重大で悪質な法違反事案についての司法処分
3　企業から提出される許認可書類の申請・届出などの処理
4　企業やその従業員からの申告・相談に対する対応
5　労働災害の調査と再発防止の指導

労働基準監督署は、基本的に**労働関係法令の監督・指導・処分をする機関**だ。

労働基準法、労働契約法、最低賃金法などの**法律に基づいて、労働基準監督官が職場の臨検を実施する。**つまり抜き打ちで職場の検査をしたり、従業員からのトラブル相談に対応して、社内を調べに来ることがあるわけだ。

来社した監督官は、就業規則をはじめとする書類や帳簿、設備などを調査する。また社長、役員、従業員の尋問もする。

そのとき、なんらかの法律違反が認められれば、企業に是正を求めたり、行政処分を出したりする。さらに重大で悪質な法律違反があれば、強制捜査に踏み切る場合もある。監督官は、特別司法警察職員として犯罪捜査というかたちで捜査し、検察庁に送検する権限をもっているのだ。

厚生労働省組織図

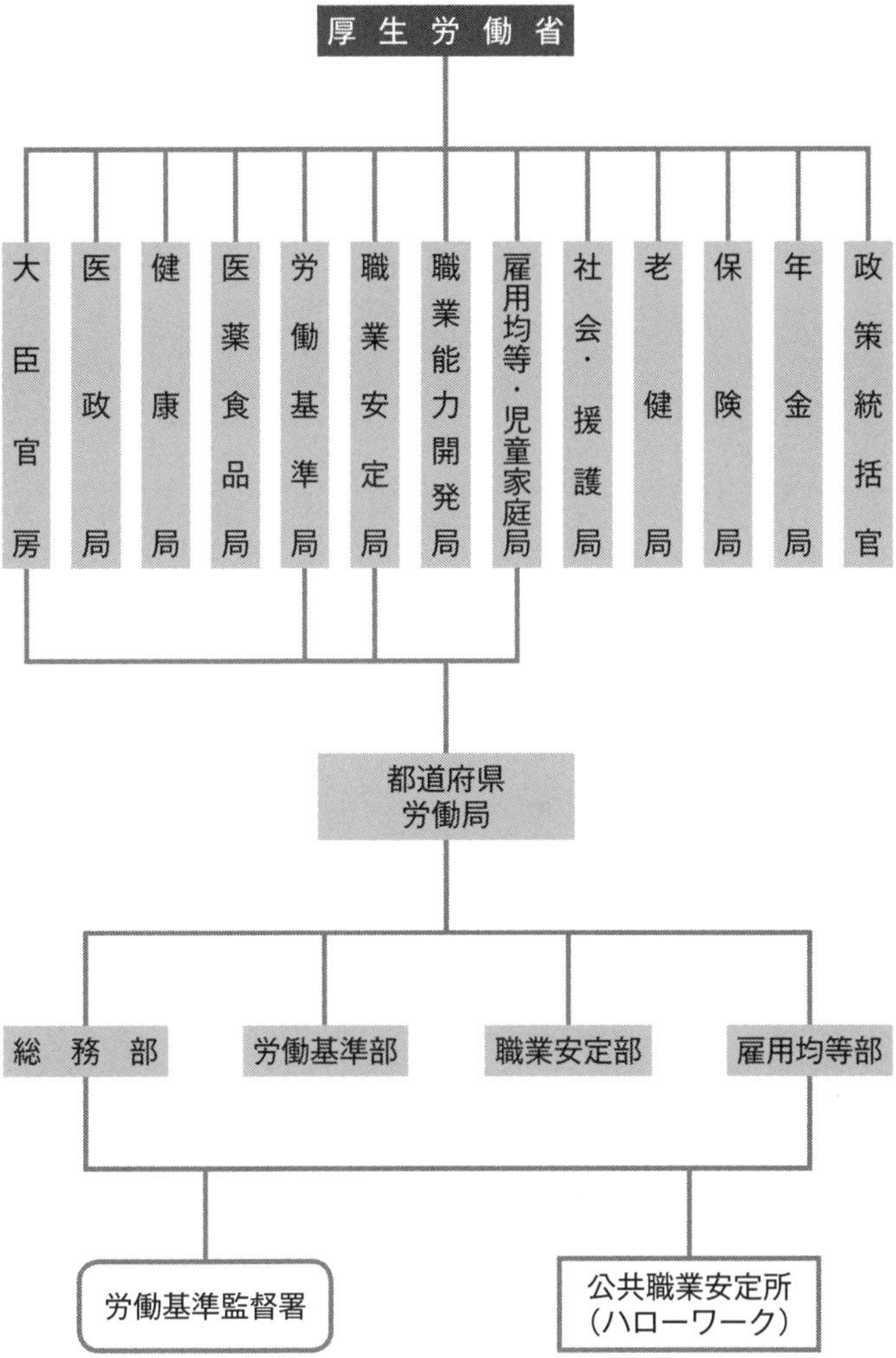
厚生労働省
大臣官房
医政局
健康局
医薬食品局
労働基準局
職業安定局
職業能力開発局
雇用均等・児童家庭局
社会・援護局
老健局
保険局
年金局
政策統括官
都道府県
労働局
総務部
労働基準部
職業安定部
雇用均等部
労働基準監督署
公共職業安定所
（ハローワーク）

だから労働基準監督署から監督官が検査のため来社するということは、いわば**行政、司法、警察がいっぺんにやって来る**ようなものなのである。

「企業を取り締まる警察」に足を運ぶべし

労働基準監督署は、司法警察権をもっている行政機関だ。

よって、企業が労働関係法令に違反していないか、監督するのが主な役割であり仕事なのだが、労働基準法違反をともなわない個別労働紛争も一〇年以上前から増えている。

そこで二〇〇一年に、**個別労働紛争解決制度がスタートし、都道府県労働局と労働基準監督署に総合労働相談コーナーを設けた**のである。

二〇〇一年以前は、労働基準法などの法律に抵触しないトラブルは、労働基準監督署では扱えなかった。ところが労働基準監督署内に総合労働相談コーナーができたことで、各都道府県に一カ所しかない労働局までわざわざ行かなくても、**最寄りの労働基準監督署であらゆるトラブルの相談ができる**ようになったわけだ。

労働基準監督署の総合労働相談コーナーで相談し、援助の対象とすべき事案と判断され

個別労働紛争解決システム

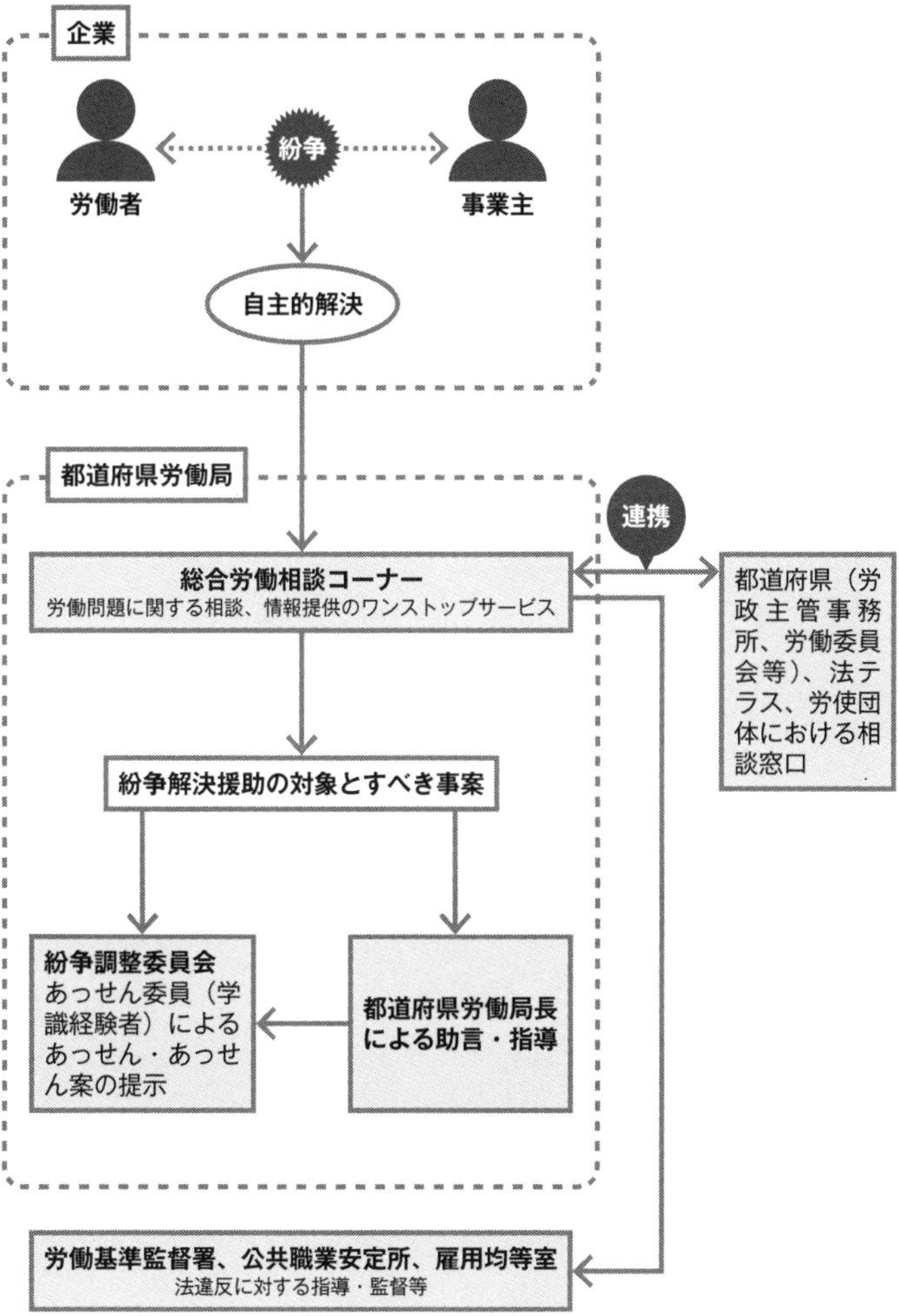

（「厚生労働省 平成２０年度個別労働紛争解決制度施行状況」より）

れば、都道府県の労働局長による助言・指導や、紛争調整委員会によるあっせんも受けられる。

労働基準監督署はいまや、従業員にとっては、不法な時間外労働の問題から、いじめやセクハラまで訴え出られる駆け込み寺のようなところになった。

一方、企業側にとっては、司法警察権を備えた怖いお目付け機関ともいえるのだ。

たとえば、ある従業員が仕事上のミスを報告せずに隠していたとしよう。それが発覚して、上司にきつく叱られるなんていうのはよくある話だ。

ところが、間もなく、その従業員が休みがちになる。職場では「あの子、どうしたんだろう?」などと言っている間に、従業員は労働基準監督署で「上司の暴言で眠れなくなりました」という相談をしていたりする。

やがて労働基準監督署から監督官が飛んで来るだろう。そうすれば就業規則から何から、洗いざらい調べられる。このときに**就業規則も作っていないとしたら、是正勧告を食らう**ことになる。「労働者の心身の健康の確保ができていない」と指摘されてしまうのだ。

企業側にいわせれば、ミスを隠した従業員を叱るのは当然のことである。

しかし、今は近くに労働基準監督署という労働者の味方の機関があり、従業員はどんな悩みでも聞いてもらえる。労働関係書類が整備されていない企業は、労働基準監督署で相談された時点でアウトだ。それが、どんなに勝手な言い分であってもだ。

だから、**企業は頻繁に労働基準監督署に足を運ぶべき**なのだ。

まずは就業規則作成の手引きをもらい、就業規則を作って、変更の必要があれば適宜変更して届け出ること。

就業規則がきちんと運用されていて「服務心得」の項目に「業務上の失敗は隠さず、すみやかに事実を会社に報告しなければならない」といった記載があれば、監督官も従業員の主張が「おかしい」とわかってくれる。企業を監視する労働基準監督署には、就業規則の届出、変更の届出と、行けば行くほど、トラブル抑止につながるのである。

たくさんの行政機関と信頼関係をつくろう

私は、大手メーカーを退職して証拠調査とコンサルティングの仕事をはじめるときに、労働基準監督署に行ってみたことがある。

「今度、事業を立ち上げることになって、スタッフを雇用する必要もあるので、労働関係の法律についていろいろ教えてください」

そう言ったら、対応してくれた担当者は、

「そんなことを言ってきた事業主ははじめてです」

と驚いていた。そして書類作成の手引きや、厚生労働省のパンフレットが置いてある棚のところに連れて行ってくれて、懇切丁寧にいろいろ説明してくれた。

ほとんどの企業は、労働基準監督署は敵と思っているか、その役割や存在さえ知らない。

だから自ら乗り込むという発想がないのだろう。

しかし、個別労働紛争が激増している現在、労働者を援助するシステムを悪用されては、企業はたまったものではない。ならば、こちらから「敵」の懐に飛び込むことだ。

労働関係法令を守ってない、就業規則も作っていないのでは、従業員に相談に出向かれたときに、労働基準監督署をまさしく「敵」に回してしまう。そうなる前に**「法律を守る会社」と印象づけておくのも大事なこと**なのだ。

労働基準監督署は、原則的に労働者のための機関ではあるが、企業の人間がしょっちゅう行っていたら、おのずと人間関係はできる。

法律の改正が通達されれば、どのように就業規則を変更したらいいか、熱心に質問をする。そうして変更した就業規則の届け出をして、それを検証してもらう。こういうことをふだんからちゃんとやっていれば、人間同士のつながりは生まれるだろう。

それと、**公共職業安定所（ハローワーク）ともコネクトしておく**こと。

ハローワークは、企業には雇用を要請する立場だ。この不況では、企業としても要請されても、なかなか人員を増やせない。だが、**無下に断るのではなく、できるだけ対応して**ほしい。

たとえばハローワークでは今、障害者の雇用を促進している。私の親しい団体のひとつにパラリンピック支援機構があるが、ここではスポーツをやっている障害者の方々の就職のあっせんもしている。スポーツ選手は、バリアフリーにするなどの大規模改修は必要ない。障害者の人を雇ってもいいが、設備投資をする費用はないという企業も多いはずだ。であるなら、ハローワークを介してスポーツ選手を雇用することもできるのだ。

労働行政機関は、みんな縦横のつながりがある。

多くの行政機関と信頼関係ができていれば、いざというときの助けになるはずだ。

第3章

トラブルを起こさせない就業規則の作り方

生きたルールの運用で企業を守る!

増え続けている個別労働紛争の実態とは？

この間、私が顧問をつとめるメーカー企業に、労働基準監督署の臨検監督が入った。

労働基準監督官を迎えたメーカーは戦々恐々だ。

何か法律違反をしていたのだろうか？　労働関係の書類はちゃんと整備しているし、問題はないはずだ。いったい、何なのだろう？

監督官は、職場の設備、書類や帳簿の調べなど、ひと通りの検査をした。

そして、次のようなことを言ったのだそうだ。

「このところ労働者と事業主との間の紛争が増えています。そのなかには**正当とはいえない労働者の相談も増加**しています。しかし、労働者から相談をされたら、労働基準監督署は企業の査察をしなくてはならないのです。そのときに就業規則をきちんと整えておいてもらわなければ、労働者の言い分に沿った対応をせざるを得ません」

監督官は、違反がないかどうかを調べに来たというより、つまりは忠告をしにやって来たのだ。気をつけなさい、と。具体的には、

「**労働時間、労働条件、解雇条件をできるだけ明確**にしてください。それから、**就業規則をわかりやすい**ものにしてください」

と言って、帰っていったらしい。

第2章で述べたように、労働基準監督署は、労働者のために事業場の監督指導を行う行政機関だ。特別司法警察職員として、事業主が法違反を犯していないか、目を光らせて取り締まるのが労働基準監督官の仕事である。

その監督官が、「従業員の主張が適正ではなくても、あなた方の労働環境が整っていないと、労働基準監督署は是正勧告や行政処分を出さなくてはいけないので、そうならないように準備を万全にしておきなさい」と企業に言いに来たのである。

これが、**増え続けている個別労働紛争の実態**なのだ。

こうした現状においては、労働基準監督官が言うように「労働条件などを就業規則で明確にする」というのは、とても重要なことだ。

たとえば、成績が一向に上がらない営業マンがいるとしよう。

直属の上司は、その従業員に「もっとがんばらないと辞めてもらうしかないよ」といった言葉をかける場合もあるだろう。それでもなお、やる気を見せずに、上司の注意に反抗するとしたら、解雇もやむなしと判断するのがふつうだ。

しかし、クビになった従業員はおさまらない。労働基準監督署で「不当な解雇をされました」と相談するのは、よくあるパターンである。

すると、企業は査察を受けるわけだが、**必ず調べられるのが就業規則**だ。

就業規則を細かく調べられ、解雇事由として「成績が不良で、就業に適さないと認められたとき」等の文言がなければ、監督官から「どこにも何も書いていないのだから、不当な解雇になってしまいますね」と言われてしまう。

あるいは、わかりにくい難解な書き方をしていたり、どうとでも解釈できる書き方をしていたら、もめにもめて労働基準監督署を介してのあっせんでは解決せず、労働審判手続の申立てをされるのも、これまたありがちなパターンだ。

労働審判になると、従業員の弁護士は、たいがい申立書に「このような就業規則の解雇事由による解雇は認められない」と書いてくる。**労働審判では、就業規則の記載と、実際の事実関係が争点になる**ケースは多いのである。

東京地方裁判所のホームページに掲載されている、従業員側の「労働審判手続中立書」と、企業側の「答弁書」の見本を見てみよう（P88～89）。

これは、架空の自動車販売会社の営業マンが「入社以来、販売成績が上がらず、営業所長の業務改善指導にも口答えをするばかりで素直に従わなかった」ことを事由に解雇され、それを不服として申立てをしている。

中立書では、営業所長の販売目標の設定がそもそも無理なものだったとして、**就業規則（第1条②）の「職務遂行能力または能率が著しく劣り、また向上の見込みがないと認められたとき」に該当しない、**と主張している。

一方、答弁書では、販売目標の設定の仕方、実際の販売成績、従業員の言動など、解雇にいたる経緯をあげて反論している。**このような事実があるから、就業規則に定める解雇事由に該当し、合理的な解雇だ、**と述べているのである。

これを見ても、就業規則が労働紛争の鍵を握るということが、よくわかるのではないだろうか。

就業規則の記載があいまいな企業は、トラブルが起こる確率が高くなる。また、いざトラブルが大きくなったときに有利に戦うことができないのだ。

労働審判手続申立書

第3　予想される争点及び争点に関連する重要な事実

2　相手方が主張する解雇理由
（1）相手方就業規則には以下の規定が存在する。
第1条　従業員が次の各号の一に該当する場合は、解雇する。
①精神もしくは身体の故障により、業務の遂行に甚だしく支障があると認められたとき
②職務遂行能力または能率が著しく劣り、また向上の見込みがないと認められたとき
③事業の縮小など経営上やむをえない事由のあるとき
④懲戒事由に該当し、解雇を相当とするとき
⑤その他前各号に準ずるやむをえない事由のあるとき

（2）相手方は、解雇通知書において、申立人は、入社以来、販売成績が上がらず、自ら定めた販売目標を達成したことが一度もなかたこと、このため、申立人の上司であるB営業所長が、度々、申立人に対し、業務改善指導を行ったが、申立人は口答えをするばかりでこれにも素直に従わなかったことを解雇事由として挙げ、このような事情に照らしてみれば、申立人は、「職務遂行能力または能率が著しく劣り、また向上の見込みがないと認められたとき」（就業規則1条2号）に該当すると主張している。

3　解雇の違法性
（1）本件解雇において解雇事由として指摘されている事実について申立人が販売目標を一度も達成できなかったことは事実であるが、販売目標は申立人が定めたものではなく、相手方のB営業所長が一方的に定めたものである。また、申立人は、B営業所長から業務改善指導を受けたことなどない。
【甲5（申立人の陳述書）】

（2）本家ん解雇が無効であることを理由付ける具体的事実
ア　B営業所長が定めた販売目標は1か月△台であるが、これは達成が極めて困難なものであり、申立人が勤務していたA営業所において、同目標を達成した者は毎月1、2名にすぎなかった。申立人の販売成績は、これまで販売目標に到達しないものの、本件解雇の直前には、A営業所の販売員12名中上位5名に入っていた。
【甲5（申立人の陳述書）、甲6（販売成績表）】

イ　以上からすると、申立人には、「職務遂行能力または能率が著しく劣り、また向上の見込みがないと認められたとき」との事由は認められない。仮に百歩譲って、形式的に上記解雇事由に該当するとしても、その程度は解雇がやむを得ないとするようなものではないから、本件解雇は客観的に合理的な理由を欠き、社会通念上相当であると認められず、権利濫用として無効である。

※下線は著書

答弁書

第3　答弁を理由づける具体的な事実
　1　本件解雇に至る経緯
　（2）就業規則に定める解雇事由に該当する事実
　　ア　相手方の自動車販売員は、毎月、営業所長と相談の上、各月の販売目標を定めていたが、B営業所長は、申立人の採用時の話から目標を△台とすることとし、申立人にも特にこれに異議を述べなかった。
　　イ　申立人の販売成績は、採用時から一貫して販売目標を達成できず、多い月でも販売目標の7割達成、少ない月では販売目標の2割達成というもので、平均して販売目標の4割達成程度であった。
　　ウ　B営業所長は、申立人の販売成績が向上しないのは、商用車の営業活動を疎かにしているからと考え、平成○○年○○月ころ、度々、申立人に対し、この点を改善するよう指導した。ところが、申立人は、商用車は利益率が低いからいくら売っても儲からないなどと言って、前記指導に従おうとせず、結局、平成○○年○○月から同年○○月までの間も、販売目標を達成することができなかった。
【以上、乙4（販売成績表一覧表）、乙6（Bの陳述書）】

　2　相手方は、前記1の事実に照らして、申立人は、職務遂行能力または能率が著しく劣り、また向上の見込みがないと認められたとき（就業規則1条2号）に該当するとして、本件解雇をした。

第4　予想される争点及び争点に関連する重要な事実
　1　本件の争点は、申立人が第3の1で指摘するとおりである。
　2　（1）申立人の販売目標は、申立人が採用時に述べた実績からして決して過重なものではないのみならず、A営業所内においても平均的なものであった。A営業所においては、毎月約5割の販売員が販売目標を達成している、販売成績一覧表（乙4）から明らかなとおり、申立人の販売成績が着実に向上していたとは到底いえない。また、申立人は、営業先から直接帰宅する場合には営業所に連絡することになっているのにこれに従わず、また、○○万円以上の値引きをする場合には所長の了解を得ることになっているのにこれに従わないなど、社内規則違反をすることも度々あった。さらに、申立人は、日頃から、電話での応対など接客態度等について上司から注意、指導を受けていたにもかかわらず、これに耳を傾けようとしなかった。
【乙4（販売成績表一覧表）、乙5（社内規則）、乙6（Bの陳述書）】
　（2）以上の事実に照らしてみれば、申立人の勤務成績不良は著しく、その改善の見込みもなかったのであって、申立人には就業規則1条2号に定める解雇事由に該当する事実が存在し、その程度からして、本件解雇は、客観的に合理的な理由を欠き、社会通念上相当でないとは認められず、権利濫用には当たらない。

※下線は著書

「現在、有効な就業規則」でなければ意味がない

就業規則は企業の憲法であり、個別労働紛争防止の有効なバリアになる。次のような企業は、すぐにでも労働基準監督署で就業規則作成の手引きをもらってきてほしい。

- 就業規則を作成していない企業
- 昔作った就業規則をそのままにしている企業
- 弁護士に作成してもらい見直しをしていない企業

中小企業では、就業規則を作っていないところがあまりにも多い。また大手、中堅でも、市販のひな型をそのまま写して使っていたりする。あるいは顧問弁護士や社会保険労務士に作ってもらって、これで労働関係法令は完璧とばかりに、見直しをしていない企業も山ほどある。

就業規則を作るにあたっては、もちろん労働基準法関連の法律にのっとって作成しなく

てはいけない。だから弁護士にチェックしてもらう必要はある。

だが、いちばん**肝心なのは、職場の実態に合っているかどうか**、という点だ。

就業規則は、生き物だと考えてもらいたい。

経済、社会の状況は刻々と変化している。労働関係の法律もどんどん改正されている。さらに、社内の従業員だって年々入れ替わっているはずだ。企業が百社あれば、百種類の職場があり、どれひとつとして同じ事業場はないのだ。

なのに、一〇年、二〇年前に作った就業規則など今は何の効力もない。標準的なひな型を、そっくりそのまま使ったものも無意味だ。

ほかでもない自分たちの会社、自分たちの職場には、どんな就業規則が必要なのか、経営者と従業員がよく話し合って作ることだ。そして、いちど作ったら常に見直しをし、変更して**「現在、有効な就業規則」**を完備しなければならないのである。


この章では、トラブルを防いで、よりよい職場環境を構築するための就業規則の作成の仕方を述べたいと思う。

まずは最寄りの労働基準監督署で、最新の手引きを揃えていただきたい。就業規則作成の手引きのパンフレットは、各都道府県の労働局がそれぞれに用意して、管内の労働基準監督署に配布している。また実際に「就業規則はこのように作りなさい」という見本も、都道府県労働局ごとに、ホームページなどでさまざまなかたちで公開している。

だから、これから就業規則を作ろうとか、作り直そうという企業は、管轄の労働局が用意しているものだけではなく、**ほかの都道府県のものも参考資料として参照する**といいだろう。

私は、ある県の企業から、就業規則を作り直す際にコンサルティングを依頼されたことがある。そのとき、その県の労働局が作っている手引きを取り寄せたのだが、説明の文章が非常にわかりにくかった。

手引きの内容は、労働局によってけっこう差があるものだ。したがって近隣の都道府県の手引きも、目通しすることをお勧めしたい。

これから説明する作成のマニュアルは、東京労働局の「就業規則作成の手引き」をもとにしている。これは私が知る限り、最も簡潔に的確にわかりやすく書いてある。東京労働局のホームページでも見られるし、都内の労働基準監督署の署内には必ず置いてある。

それでは、作成のポイントをひとつずつ見ていこう。

(1) 就業規則は必ず作らなくてはいけない

就業規則は、企業が雇用している従業員の労働条件などを文書化したものだ。労働基準法では、一〇名以上の従業員のいる事業場では**必ず作成しなければならない**と定めている。また、一〇名未満の事業場でも**作成することが望ましい**とされている。

経営者の方々のなかには、就業規則は法律で作成しなければならないと決まっていることを知らない人がたくさんいる。経営者がこれをわかってない時点で、トラブル発生のリスクは高いといっていいだろう。

ここで注意しなくてはいけないのは、**従業員は正社員だけではなく、パート、アルバイトほか、すべての従業員が含まれる**ということだ。

「うちは、社長の自分と息子のほかは、二〇人の従業員はみんなアルバイトだから、就業規則なんかいらないだろう」みたいな会社は全国にはいて捨てるほどあると思う。

しかし、正社員が二名でアルバイトが八名でも、就業規則は作らなければならないと定められている。正社員が一名でアルバイトが七名でも、作るのが望ましいというのが厚生労働省の指針なのである。だから、規模を問わず、すべての企業は就業規則を作成しなければいけないものととらえるべきなのだ。

(2) すべての従業員に適用する就業規則を作る

多くの企業には、正社員、パート、アルバイト、派遣社員、期間契約社員といった、いろいろな就労形態の従業員がいるはずだ。

就業規則は、すべての従業員に適用されるものでなければならないが、雇用の形態が異なる従業員に同じ規則を適用するのはなかなか難しい。

その場合、一般的な正社員に適用するものとは別に、**パート、アルバイト、派遣社員、期間契約社員と、それぞれに就業規則を作ったほうがいい**。たとえば「服務」の項目で定める「服装」なども、正社員とアルバイトとでは求める身だしなみは、違うケースが多いからだ。

いくつも作るのは面倒だからといって、ひとつの就業規則を全従業員に適用させるのは無理があるし、トラブルのもとになる。就労形態ごとに就業規則を作るのは、法律で決め

就業規則を作成するための９つのポイント

ポイント1

常時10人以上の労働者を使用する事業場では、就業規則を必ず作成しなければならない。また10人未満であっても、就業規則を作成することが望まれる。(労働基準法第89条関係)

ポイント2

就業規則は、すべての労働者に適用されるようにすることが必要である。

ポイント3

就業規則に記載すべき事項には、必ず記載しなければならない事項と、定めをした場合には記載しなければならない事項の2種類がある。(労働基準法第89条関係)

ポイント4

就業規則の内容は、法令または労働協約に反することはできない。(労働基準法第92条関係)

ポイント5

就業規則の内容は、事業場の実態に合ったものとしなければならない。

ポイント6

就業規則の内容は、わかりやすく明確なものとしなければならない。

ポイント7

就業規則を作成したり、変更する場合には、労働者の代表の意見を聞かなければならない。(労働基準法第90条関係)

ポイント8

就業規則は、労働者の代表の意見を添付して、労働基準監督署長に届け出なければならない。(労働基準法第89条、第90条関係)

ポイント9

作成した就業規則は、各労働者に配布したり各職場に提示したりするなどによって、労働者に周知させなければならない。

(東京労働局「就業規則　作成の手引き」より)

られているわけではないが、やはり別個に作成することをお勧めしたい。

(3) 就業規則には必ず記載すべき項目がある

労働基準法では、就業規則に**「必ず記載しなければならない項目」**と**「定めをした場合には記載しなければならない項目」**があるとしている。

このうち「必ず記載しなければならない項目」は次の3つだ。

①労働時間・休憩・休日
②賃金
③退職・解雇

①のなかで、とくに**労働時間**は明確に記載し、なおかつ可能な限り守らなければならない。就業規則では九時‐五時でも、実際は八時‐八時なんて企業はよくある。現実に、八時から始業しなくてはならないのであれば、始業時刻は八時と記載すべきだ。ここをあい

まいにしていると、労働時間をめぐるトラブルにつながりやすいのである。

②の**賃金**は、給与やボーナス、残業代などの詳細をきちんと明記しておかなければならないということだ。また給与などの計算と支払いの方法、昇給に関しても書いておくこと。労働基準監督署の査察では、就業規則の賃金の項目は必ず調べるので、実態と違う記載はしないように気をつけてほしい。

③の**退職・解雇**については、個別労働紛争で争われることが多い項目のひとつだ。就業規則のこの項目に解雇の事由が記載されていなければ、いかなるトラブルメーカーでも、解雇は認められないのである。たとえば「就業規則にしばしば違反し、反省、改悛の様子がみられないとき」というように具体的に書いておこう。

以上の①②③が「必ず記載しなければならない項目」である。

このほか「定めをした場合には記載しなければならない項目」は次の8つだ。

④退職金
⑤最低賃金・割増手当

⑥**食費等の負担**
⑦**安全衛生**
⑧**教育訓練**
⑨**災害補償**
⑩**表彰・制裁**
⑪**付則など**

④の**退職金**の記載については、税理士もしくは会計士と相談すること。退職金の適用となる従業員、計算や支払いの方法を記載しておかないと、もめたときに非常に面倒なことになるからだ。

⑤は必ず記載しなければならないわけではないが、②の賃金の項目に明記しておくべきだ。労働審判では、従業員が残業代の未払いを請求してくることが多い。残業代は、一時間あたりの賃金を基準に計算し算出される。これに関しては第6章で説明するが、就業規則には**最低賃金および割増手当**などの支払法や計算法を書いておいてほしい。

⑥の**食費等の負担**というのは、たとえば従業員の食費を計上しながら、実際は従業員に

就業規則に記載すべき項目

■総則

目的・社員の定義・規則遵守の義務・秘密保持など

■採用

採用・試用期間など

■異動

配置転換・転勤・出向など

■労働時間・休憩・休日

労働時間・休憩時間・休日・時間外勤務、休日および深夜勤務・有給休暇・産前産後休業・育児介護休業・欠勤および遅刻、早退など

■賃金

給与および賞与・割増賃金・退職金など

■服務規律

出退社・服務心得・注意事項など

■表彰および懲戒

表彰の方法・制裁の種類・訓戒、減給および出勤停止・懲戒解雇・損害賠償など

■退職・解雇

解雇・一般退職・定年退職・休職・休職期間・復職など

■災害補償

業務上、負傷または疾病にかかった場合の補償など

■安全衛生

安全衛生および火災の措置、健康診断など

■付則

上記の項目に該当しない規則などを記載

負担をさせている企業があるからだ。作業用品なども、従業員が自分で購入しなくてはならない場合があるなら、それをちゃんと記載しなければならない。

⑦の**安全衛生**については、このごろは厚生労働省が重視して、労働安全衛生法をいろいろ改正している。安全衛生委員会を設け、従業員の健康管理に留意していることを、就業規則に書いておくべきだろう。

⑧は労使間でちゃんと決めていないと、**教育訓練**と業務があいまいになりがちだ。従業員の研修等が必要な企業は、これも就業規則に詳細に記載することだ。

⑨の**災害補償**は、業務上または業務外でケガをしたり病気になったときに、どこまで補償するのか明記するということだ。ここを詳しく書いていないと、企業に責任がなくても、労働審判では多額の賠償金を支払えという審判が確定するのだ。

⑩の**表彰・制裁**は、これも注意してほしい。個別労働紛争でよくあるのは「こんなに会社に貢献したのに評価してくれない」とか「こういう不適切な制裁を受けました」という相談だ。就業規則に表彰・制裁の内容が記載されていなければ、従業員の主張が妥当と判断されてしまうのである。

以上の④～⑩までが「定めをした場合には記載しなければならない項目」だ。

これ以外にパートやアルバイトなども含め、全従業員に適用する規則の定めをする場合は⑪に書いてもかまわない。また①から⑩に該当しない項目でも、企業の業種、業態によって重要と思われるものは、任意に記載してもよいとされている。

いずれにしても①②③は必ず記載し、④以下はそれぞれの企業で必要な項目をあげて、労使が協調して作っていくことだ。目次例は、千葉労働局が公表しているものを（P102～103）に抜粋したので、参照していただきたい。

(4) 就業規則の内容は法令に違反してはいけない

就業規則の構成に法的な規定はなく、①②③を必ず記載するほかは、どのような項目の立て方をしても、どのような書き方をしてもいい。

たとえば「第○章　賃金」のなかに「退職金」という項目を設けてもいいし、「第○章　退職金」という章を別に作ってもいい。または「賃金」は、就業規則とは別に賃金規定を作ってもいい。要は、形態は自由に決めてよいということだ。

第6章　賃金

第26条（賃金の構成）
第27条（基本給）
第28条（家族手当）
第29条（通勤手当）
第30条（役付手当）
第31条（精勤手当）
第32条（割増手当）
第33条（1年単位の変形労働時間制に関する賃金の精算）
第34条（休暇等の賃金）
第35条（欠勤等の扱い）
第36条（賃金の計算期間及び支払日）
第37条（賃金の支払と控除）
第38条（昇給）
第39条（賞与）

> ポイント
> 給与および賞与に関する事項は賃金規定に詳しく定めてもよい

> ポイント
> 従業員全員の1時間あたりの賃金を必ず把握しておく

第7章　定年、退職及び解雇

第40条（定年等）
第41条（退職）
第42条（解雇）

> ポイント
> 解雇の事由を必ず明確に記載しておくこと

第8章　退職金

第43条（退職金の支給）
第44条（退職金の額）
第45条（退職金の支払方法及び支払時期）

第9章　安全衛生及び災害補償

第46条（遵守事項）
第47条（健康診断）
第48条（安全衛生教育）
第49条（災害補償）

> ポイント
> 従業員が50名以上の事業場は産業医を選任する

> ポイント
> 安全衛生委員会を必ず設けること

第10章　教育訓練

第50条（教育訓練）

第11章　表彰及び懲戒

第51条（表彰）
第52条（懲戒の種類）
第53条（懲戒の事由）

> ポイント
> 詳細に決めておかないと労使間のトラブルをまねきやすい

就業規則　目次例

第1章　総則
第1条（目的）
第2条（適用範囲）
第3条（規則の遵守）

第2章　採用、異動
第4条（採用手続）
第5条（採用時の提出書類）
第6条（試用期間）
第7条（労働条件の明示）
第8条（人事異動）
第9条（休職）

ポイント
配置転換・転勤・出向を命じることがあることを明記しておく

第3章　服務規律
ポイント
従業員とよく話し合って、検討・決定する

第10条（服務）
第11条（遵守事項）
第12条（セクシュアルハラスメントの禁止）
第13条（個人情報保護）
第14条（出退勤）
第15条（遅刻、早退、欠勤等）

第4章　労働時間、休憩及び休日
ポイント
各企業の業態により、できるだけ具体的に記載する

第16条（労働時間及び休憩時間）
第17条（休日）
第18条（時間外労働及び休日労働）

ポイント
職場の実態に合った労働時間を定める

第5章　休暇
第19条（年次有給休暇）
第20条（産前産後の休業）
第21条（母性健康管理のための休暇等）
第22条（育児時間等）
第23条（育児・介護休業、子の看護休暇）
第24条（育児・介護のための短時間勤務）
第25条（慶弔休暇）

ポイント
休業の申し出手続き等に関する事項は別に規程を定めてもよい

ただし、**就業規則の内容は、法令またはその企業に適用される労働協約に違反してはいけない**。就業規則はどう書いてもかまわないが、**法律に違反する内容は無効**となるのだ。

労働時間でいうと、労働基準法では一日の法定労働時間は八時間と定められている。ところが、ある企業は「一日八時間ではとてもやっていけない」というので、就業規則に「始業八時、終業九時」と記載したら、それは無効だということだ。

しかし、企業の現場では、なかなか厳格に法律通りにはできないものだ。

だから、これは私の意見なのだが、**社会通念上めちゃくちゃなことでなければ、就業規則には書くべき**だと思う。

労働時間のような、基本的な労働基準法令は言うまでもなく守らなくてはいけない。だが、職場の実態と照らし合わせて「これは明記しておかなければ会社の業務に多大な影響がおよぶ」と思われることは記載したほうがいいのだ。

例をあげると、解雇は個別労働紛争の争点になりやすい。

たとえば、従業員が横領をしても、立件しなければ解雇することはできない。明らかに横領をしているのに、犯罪が法律上で成立していなければ、従業員を辞めさせることができないのである。

あるいは、従業員がインターネットの掲示板に会社の機密を匿名で書き込んだとする。社内調査で、誰が書いたか判明している。しかし、今は個人情報保護法があるので、プロバイダーはログの開示をしない。ログの開示ができず、その従業員が書いたという証拠がなければ、これもまた労働基準法の規定では解雇はできないのだ。

こうした**リスクを考えると、就業規則に記載して防御する**しかない。

横領なら「従業員は職務上の地位を利用し、私的利益を得てはならない」うんぬんの文言を書いておくべきだ。書いていなければ、会社を陥れる行動に走る人間が出てきたときに対抗できないのである。

労働基準監督署からは「こういう記載は無効です」と言われるかもしれない。だとしたら、労働基準監督官とよく話をして、どのように書けばよいのか聞けばいいのだ。

ほとんどの企業は、就業規則には通り一遍のことしか記載しないが、あらゆるリスクを考慮して記載する文言を検討してほしい。

(5) 就業規則の内容は職場の実態に合ったものとする

これは就業規則作成にあたって、最も大事な点といってもいいだろう。

東京労働局の手引きには、はっきりとこう書いてある。

「**就業規則の内容は、事業場の実態に合ったもの**としなければなりません。市販のモデル就業規則の内容をよく検討することなく、安易に流用して就業規則を作成すると、後になって不都合が生じることがありますので注意が必要です」

モデル就業規則を安易に流用している企業は本当に多い。それは「だめです」と行政が言っているのだから、自分たちの職場はどうあるべきか、労使で協議して、みんなの合意のもと作らなければならないのだ。

ここで経営者の方々に注意したいのは、**経営者サイドに有利な文言を羅列してはいけないということだ。**

就業規則作成のコンサルティングをすると、ほとんどすべての経営者の方は、会社にとって都合のよい項目ばかり並べたがる。悪質な個別労働紛争を排除するためには、無効の可能性がある項目の記載も不可欠だ。かといって従業員の意向を無視して、有利な文言ばかり入れると、それもまた紛争の種になる。

就業規則は、経営者と従業員がともに検討して、あくまで職場の実態に合ったものにしなければならないのだ。

(6) 就業規則の内容はわかりやすく明確にする

顧問弁護士に依頼して丸投げしている企業の就業規則は、えてしてわかりにくい。甲だ乙だと、一見論理的な文面のようだが、そんなのは無意味といっても過言ではない。あくどい企業は、わざと弁護士に難解で複雑な文書を作成してもらい、従業員が読む気が失せるようなものにして、その実、会社にだけ有利な就業規則にしている。

そのような就業規則も、労働基準監督署の検査が入ったら、必ず指導を受けるはずだ。行政に「怪しい」と目されたら、不利になるのは企業のほうなのだ。

誰が読んでも理解できる、**わかりやすく明確な就業規則**を作成してほしい。

(7) 就業規則を作成する場合は従業員の意見を聞く

就業規則作成のプロセスで、従業員と話し合っていない企業は実に多い。

しかし、**就業規則を作成する場合も、変更する場合も、従業員の代表の意見を聞かなければいけない**ということは、労働基準法で定められている。つまり就業規則は、従業員全員が納得しているものでなければならないのだ。

従業員の意見を反映させず、経営者が勝手に作成した就業規則は、労働審判では認められない。トラブルから労働審判に持ち込まれたときに、従業員と話し合って作ったものでなければ、その就業規則は効力がないのである。

では、具体的にどのようにして従業員の代表の意見を聞けばいいのか。

▼正当に選出された代表者の意見を聞く

大企業や中規模の企業によっては、従業員の過半数で組織する労働組合がある。その場合は、労組の代表と話し合えばいいだろう。

労組がなければ、従業員全員の意志に基づいて正当に選ばれた者と話し合いをすることだ。中小企業では、就業規則を作成するにあたって、経営者寄りの数人の従業員の意見しか聞かないということがよくある。しかし、それでは労働基準法の「従業員の代表の意見を聞かなければいけない」という規定に違反してしまう。

そうした場合、私が**お勧めするのはメール**だ。従業員全員に「このような就業規則を作成します（変更します）。意見があれば○○まで」というメールを送る。これで「全員の意見を聞いた」証拠ができ、法律の規定をクリアできるのである。

▼「職場の環境をよくする会」をつくろう

労働基準法では、就業規則を作成する場合に意見を聞く者は「従業員の過半数を代表する者」としている。そして「労働基準法第四一条第二号に規定する監督または管理の地位にある者ではないこと」という決まりもある。つまり就業規則作成のときに話し合うのは、**役職者ではなく平の従業員でなくてはいけない**のだ。

ただし、今は集団活動を嫌って、労働組合もつくりにくいし、平社員から代表者を選出する組織づくりもかなわない。また従業員全員にメールを送るのも、すべての従業員にパソコンが行き渡っていない企業だってあるはずだ。

そういう企業でぜひやってほしいのが**「職場の環境をよくする会」をつくる**こと。

従業員が数名の企業なら、全員の意見を聞くのはすぐにできる。しかし、数十名規模になると、全員の意見を反映するのは物理的に不可能だ。

であれば、部署ごとに「職場の環境をよくする会」といった会をつくり、飲み会などで話し合いをさせる。そこで発言の多い者が自然にリーダーになる。就業規則を作成したり、変更するときには、そのリーダーを代表として意見を聞けばいいのだ。

▼代表者の選出も意見も記録をとる

従業員の代表者を選ぶにも、また就業規則作成のときに意見を聞くにも、忘れてはいけないのは記録をとっておくことだ。

従業員の過半数を代表する者を選ぶ際には、挙手で選出するとしたら、その様子をビデオか写真で撮る。または「職場の環境をよくする会」で就業規則の作成に参加するリーダーが選ばれたとしたら、ICレコーダーなどで録音しておく。要するに、**公正に選ばれた代表という記録を残す**のである。

また、経営者と従業員の代表が話し合うときも、同様に記録をとってほしい。従業員全員にメールを送信するのはいちばん簡単だが、就業規則作成会議のような場なら、みんなの発言を録音して議事録をつくること。これを行うことで、**労使対等の立場で就業規則を作成したという、揺るがぬ証拠**になるのだ。

(8) 就業規則は労働基準監督署に届け出る

さて、経営者と従業員がよく話し合って就業規則ができたら、所轄の**労働基準監督署に届け出をしなくてはいけない**。また就業規則を変更する場合も、やはり届け出をする必要がある。これも労働基準法で決まっていることだ。

会社のルールを決めて、就業規則のようなものを作っていても、それを労働基準監督署に提出していない企業がけっこうある。最初に作成した就業規則は出していても、変更届

[redacted]

意　見　書

労働者代表が事業主にこの意見書を提出した日付を記入

平成　　年　　月　　日

＿＿＿＿＿＿＿＿＿＿殿

労働者代表が意見を求められた日を記入

平成　　年　　月　　日付けをもって意見を求められた就業規則案について、下記のとおり意見を提出します。

記

＿＿＿＿＿＿＿＿＿＿＿＿＿＿＿＿＿＿＿＿＿＿＿＿＿＿＿＿＿＿

＿＿＿＿＿＿＿＿＿＿＿＿＿＿＿＿＿＿＿＿＿＿＿＿＿＿＿＿＿＿

＿＿＿＿＿＿＿＿＿＿＿＿＿＿＿＿＿＿＿＿＿＿＿＿＿＿＿＿＿＿

＿＿＿＿＿＿＿＿＿＿＿＿＿＿＿＿＿＿＿＿＿＿＿＿＿＿＿＿＿＿

＿＿＿＿＿＿＿＿＿＿＿＿＿＿＿＿＿＿＿＿＿＿＿＿＿＿＿＿＿＿

＿＿＿＿＿＿＿＿＿＿＿＿＿＿＿＿＿＿＿＿＿＿＿＿＿＿＿＿＿＿

＿＿＿＿＿＿＿＿＿＿＿＿＿＿＿＿＿＿＿＿＿＿＿＿＿＿＿＿＿＿

＿＿＿＿＿＿＿＿＿＿＿＿＿＿＿＿＿＿＿＿＿＿＿＿＿＿＿＿＿＿

＿＿＿＿＿＿＿＿＿＿＿＿＿＿＿＿＿＿＿＿＿＿＿＿＿＿＿＿＿＿

＿＿＿＿＿＿＿＿＿＿＿＿＿＿＿＿＿＿＿＿＿＿＿＿＿＿＿＿＿＿

＿＿＿＿＿＿＿＿＿＿＿＿＿＿＿＿＿＿＿＿＿＿＿＿＿＿＿＿＿＿

＿＿＿＿＿＿＿＿＿＿＿＿＿＿＿＿＿＿＿＿＿＿＿＿＿＿＿＿＿＿

労働者代表＿＿＿＿＿＿＿＿㊞

就業規則（変更）届・意見書参考例

就業規則（変更）届

労働基準監督署に届け出る日付を記入 ▶ 平成　　年　　月　　日

労働基準監督署長　殿 ◀ 所轄労働基準監督署名を記入

今回、別添のとおり当社の就業規則を制定・変更いたしましたので、意見書を添えて提出します。

主な変更事項

条文	改正前	改正後

労働保険番号	都道府県		所轄	管轄		基幹番号						枝番号			被一括事業番号			
事業場名《ふりがな》																		
所在地	TEL																	
代表者職氏名	㊞																	
業種・労働者数	人																	

前回届出から名称変更があれば旧名称
また、住所変更もあれば旧住所を記入。

け は出さない企業もよく見かける。

「いちど作った就業規則を、なんでそんなに何度も作り直さなくてはいけないの？」と言っているあなたの会社はすでに危ない。

何度もいうように、労働関係の法律はしょっちゅう改正されている。法律が変われば、就業規則の内容もおのずと変更しなければならなくなる。法律の改正にともなって、そのつど**就業規則の見直しをし、変更届けを出していれば、労働環境に留意している企業だという証**になる。そうすれば、悪質な個別労働紛争を仕掛けられても、労働基準監督署が公正に判断してくれる可能性が高くなるのだ。

なお、就業規則の届け出には、必ず従業員の代表者の意見書を記入しよう。書式の見本は、各労働局のホームページに掲載されているのでそれを参考にしてほしい。

(9) 作成した就業規則は全従業員に周知させる

作成した**就業規則は、すべての従業員に周知させ、いつでも閲覧できる**ようにしておかなければ意味がない。従業員が「えっ、うちの会社に就業規則ってあるの？」などと言う

就業規則の作成手順

1 案の作成

①現在、実施している労働条件、職場規律などを箇条書きに整理する
②①の中から就業規則に記載すべき事項を選びだす
③労働条件、職場規律などの内容を具体的に検討する
④各事項を章別に分類し、条文化する
⑤条文ごとに見出しをつける

↓

2 労働者代表から意見を聴取する

↓

3 労働者代表から意見を踏まえて検討する

↓

4 労働基準監督署へ届け出る

↓

5 労働者へ周知する

企業は多いが、規則の存在を知らなければ、トラブルが起こるのは必然だ。たとえば職場の所定の位置に掲示するとか、サーバーに保存するなどして、必要なときに誰でも見られるようにしておくことだ。

私が顧問をしている企業の経営陣の方々には「経営者の交流会などで、就業規則をどうやって作成して周知させているのか、情報交換をしてください」とアドバイスしている。就業規則を有効に運営していくには、さまざまな方法論をとり入れるべきだ。ほかの経営者から「うちでは定期的に社内ミーティングで見直しをしているよ」といった話を聞いたとしたら、自社に合ったやり方で導入すればいいのだ。

経営者がイニシアティブをとって従業員と協同して作成すれば、弁護士が法律論のみで作ったものより、ずっとすばらしい就業規則ができあがる。世界にたったひとつしかない、その企業の就業規則を作成してこそ、ルールは生きたものになるのだ。

解雇の項目はできるだけ具体的に記載しよう

私は、これまでに企業側と従業員側と、両方の立場から労働審判手続に多数関わってきた。従業員側からいえば、ほとんどの企業は就業規則が整備されていないので、不当な労働を強要されたら、簡単に主張を通すことができる。

しかし、ひるがえって企業側から見ると、最近は悪質な中立てをされ、重箱の隅をつつくようなことをあげつらわれて、やむなく解決金を支払う結果になりがちだ。

だから、**労働基準法をはじめとする法令を遵守して、きちんとした就業規則を作成しなければならない**のだ。

就業規則の作成で、とくに注意してほしいのは解雇のところだ。

近年は解雇にかかわるトラブルが本当に急増している。しかも、企業にとって悩ましいことに、どんなに困った従業員でも辞めさせるのはたやすいことではないのだ。

就業規則の「必ず記載しなければならない項目」として退職・解雇の項目があるが、これは二〇〇四年（平成一六年）の労働基準法改正によって、絶対的に必要な項目である解雇の項目に、解雇の事由の記載が義務づけられることになった。

さらに「**解雇権濫用法理」という法律**も明記されるようになった。

解雇権濫用法理というのは、

「解雇は、客観的に合理的な理由を欠き、社会通念上相当として是認できない場合には、

⑱	時間外、休日および深夜勤務における割増賃金は、法定通り支払うことを定めているか？	□
⑲	休暇時の賃金の取扱いについて定めているか？	□
⑳	法令に基づいたもの以外のものを賃金から控除する場合、労使協定を締結することとしているか？	□
㉑	65歳までの雇用確保措置を講じているか？	□
㉒	退職、普通解雇事由を具体的に定めているか？	□
㉓	解雇予告等の手続きを適切に定めているか？	□
㉔	退職金制度について、適用される労働者の範囲、退職手当の決定、計算および支払いの方法、退職手当ての支払いの時期は明確に定めているか？	□
㉕	安全衛生管理体制、健康診断、災害補償等の安全配慮について明確に定めているか？	□
㉖	懲戒解雇事由を具体的に定めているか？	□
㉗	解雇予告除外認定等の手続きについて適切に定めているか？	□
㉘	労働者の過半数を代表する者から意見を聞いているか？	□
㉙	就業規則の内容は、事業場の実態と合ったものになっているか？	□
㉚	就業規則は、労働者に周知するため作業場の見やすい場所に常時掲示または備え付けているか？	□

（東京労働局「就業規則　作成の手引き」より）

就業規則作成チェックリスト

①	正社員だけでなく、パートタイム、アルバイト等すべての労働者に適用される就業規則を作成しているか？	□
②	就業規則は、事業場ごとに作成しているか？	□
③	労働者を採用する際、労働条件通知書等を渡すことにより、労働条件を明示しているか？	□
④	業務の都合により、人事異動があることを定めているか？	□
⑤	休職について定めている場合、休職期間満了時の復職、退職等の対応についても適切に定めているか？	□
⑥	服務規律は、労働者が遵守すべき事項を網羅しているか？	□
⑦	セクシュアルハラスメントの禁止について定めているか？	□
⑧	従業員の出退勤管理を適切に定めているか？	□
⑨	法定労働時間を超える勤務時間を定めていないか？	□
⑩	休憩は、法定通り与えるように定めているか？	□
⑪	休日は、法定通り与えるように定めているか？	□
⑫	変形労働時間制や裁量労働制を採用している場合、その旨を定めているか？	□
⑬	業務の都合により、法定労働時間を超えて、または休日に労働させることがあることを定めているか？	□
⑭	年次有給休暇は、法定通りに与えているか？	□
⑮	産前産後休業、育児介護休業、育児時間等について、法定通りに定めているか？	□
⑯	賃金の決定、計算および支払いの方法、賃金の締切りおよび支払いの時期、昇給に関する事項は明確に定めているか？	□
⑰	最低賃金を上回る賃金を支払うことを定めているか？	□

その権利を濫用したとして無効になる」

というものだ。すなわち「企業は、従業員をむやみやたらと解雇してはいけません」ということである。この法律が規定されたことで、解雇をめぐる民事訴訟でも、ほとんどの裁判で解雇は無効という判決が出されている。

だから、少なくとも就業規則の解雇の項目に、解雇事由を必ず書いておかなければ「頼むから辞めてくれ」というような従業員でも企業側が切ることはできない。職場復帰命令が出て、当の従業員は戻ってくるのである。

今、仕事の怠慢が目立ち、職場の風紀、秩序を乱す人間はごまんといる。セクハラに該当する言動で、ほかの従業員に苦痛を与える者もいっぱいいる。企業のノウハウを利用して、副業で稼ぐ輩だってめずらしくはない。

こういった従業員とのトラブルを防ぐためには、あらかじめ就業規則に詳しく書いて、予防線を張っておかなければならない。書いていなければ、注意することも、叱ることも、辞めさせることもできないのである。

就業規則を作成する究極の目的は、快適な職場環境を維持して、業績を向上させること

だ。たったひとりの従業員の不適正な反抗で、数百万の利益が消失することもある。どうか、就業規則を周到に作成してよけいなトラブルを抑止してほしい。

第４章

解雇をめぐるトラブルから会社を守る方法

就業規則と労使団結でリスクを回避する

労働基準監督署で法令と通達をチェックしよう

二〇〇八年（平成二〇年）度に、都道府県労働局や労働基準監督署の総合労働相談コーナーに寄せられた個別労働紛争にかかわる相談のうち、**解雇に関するものが二五パーセント（約六万七千件・前年度は約五万一千件）で最も多い。**

解雇をめぐるトラブルが増えている要因は、大きく分けて3つあげられる。

- **企業の経営悪化の増加**
- **企業の解雇に対する理解不足**
- **従業員の権利意識の高まり**

私は、これまで数え切れないほど個別労働紛争の解決に関わってきたが、**企業の方々は解雇に対して理解していない**ことがあまりにも多い。企業の法務部や人事部の担当者でも、厚生労働省が規定している解雇の指針をすべて把握している人はほとんどいないはずだ。

でなければ、従業員から六万件もの相談は寄せられないだろう。

逆に従業員の側はというと、権利意識が高まっている。解雇の憂き目にあったら、今はみんな泣き寝入りはしない。そのなかには**自分の業務態度や成績はさておいて、解雇は不当だと騒ぎ立てる人間もいる**。さらに、それを後押しする弁護士もたくさんいる。

つまり企業と従業員共々に、解雇に関するトラブルを生む問題をはらんでいるのだ。

それでは、企業はどうすれば解雇に関するトラブルを防げるのか。

私が、依頼を受けたクライアント企業の方々に最初にアドバイスするのは「**厚生労働省が発する法令と通達をすべてチェック**してください」ということだ。

最寄りの労働基準監督署には、最新のパンフレットやチラシが必ず置いてある。そこから解雇に関して書かれたものを全部もらってくるのだ。

厚生労働局、都道府県労働局、地方裁判所などのサイトで、情報を収集してももちろんかまわない。ただし、それらのサイトから、現時点で最も新しい「企業が把握するべき解雇の規定」だけを検索するのはけっこう面倒だ。

それより労働基準監督署に行ったほうがてっとり早い。また、足を運んで「○○という会社の者ですが、解雇のトラブルが増えているようなので、資料をもらいに来ました。どれとどれが必要でしょうか」と言えば、教えてくれて顔つなぎができる。

だから、労を惜しまず労働基準監督署に行ったほうがいいのだ。

どこからどこまでが解雇権の濫用になるのか？

では、厚生労働省における解雇の指針をみていこう。

まず、いちばん大事なのは**就業規則に解雇事由を明確に記載すること**である。

第3章の最後のところでも触れたが、就業規則の解雇の項目に「どんな場合に解雇されることがあるか」を記載するのは、二〇〇四年から法律で義務づけられている。二〇〇四年以前に作った就業規則を使っている企業は、これが加筆されてない場合が多い。

就業規則に解雇事由が書かれていなければ、いかなる事情でも解雇はできないということを、企業の方々は頭に置いておかなければならないのだ。

また、たとえ就業規則に解雇事由が書かれていても、解雇権濫用法理という法律によって、それが「客観的に合理的な理由ではなく、社会通念上相当でなければ、解雇権を濫用した」とみなされてしまう。しかも「どういうことが解雇権の濫用か」という、濫用の解釈の範囲がものすごく広い。

たとえば就業規則に解雇事由として、「試用期間中に、社員として不適格であると認められたとき」と記載していたとしても、試用期間がいつからいつまでと就業規則やほかの書類で明確になっていなければ、労働審判では解雇は無効となることがある。また、不適格であると認めた理由が「服装がだらしない」といったことであれば、そういうのも客観的に合理的ではないとされて、解雇権の濫用になってしまうのだ。

これだけでも、**企業が従業員を解雇するのは、果てしなくハードルが高い**ということがわかるだろう。ひどくだらしない服装をしていて、「もうちょっときちんとしてくれ」と注意しても「個人の自由です」と言い張る従業員がいるとする。それによって顧客が敬遠して減ったとしても、解雇をしてはいけないということなのである。

ちなみに私が顧問をつとめている複数の企業は、モデル就業規則を流用しているようなところはひとつもなく、どこも熟慮に熟慮を重ね、規則を作成している。

たとえば、就業規則の解雇の項目にいろいろな事由を羅列するなかに、「服務規律にしばしば違反し、なおかつ反省がみられないとき」等の文言も入れている。

服務規律の項目は、それぞれの顧問企業で業態や職場の実情をかんがみて、よく検討したうえで多数の項目を記載している。これによって各企業ならではの解雇の基準を明確にしておくことができるのだ。

ただ、そこまでしてもなお、労働審判手続の申立てをされたら、解雇は無効となるケースが多いと考えられる。**解雇権濫用法理という法律がある以上、よほどのことでなければ解雇は認められない**からだ。

とはいえ、記載していなければ審理の壇上にも登らない。だから、就業規則には、解雇事由をできるだけこと細かに書いておくべきなのだ。

会社が潰れない限り辞めさせることはできない？

このように現在は「基本的に従業員を辞めさせることはできない」のだが、では、労働関係法令ではどういう場合に解雇は有効となるのか。

厚生労働省では、解雇の種類を次のように定めている。

●普通解雇（整理解雇・懲戒解雇に該当しない解雇）
●整理解雇
●懲戒解雇

普通解雇というのは、さまざまな理由から「仕事の継続が困難な事情があるときに限られる」としている。病気やケガのため、職場復帰が無理な場合はこれに当たる。また、著しく協調性に欠けるとか、態度や成績が著しく悪く、なおかつ改善の見込みがなければ、仕事の継続は難しいということになる。

しかし、協調性に欠けるとか、態度や成績が悪いのは「どれくらい著しい」のか、その判断は難しい。普通解雇をめぐる労働審判では、企業側の「著しい」という主張と、従業員の「著しくはない」という主張がぶつかり合うことが多い。**最終的には多数の事案で、企業は解雇をするかわりに、解決金を支払う結末になる**のである。

それから整理解雇は、経営悪化による人員整理のための解雇だ。

これは個別労働紛争の解雇にかかわる相談で最も増えているトラブルだ。二〇〇七年から二〇〇八年にかけて、ほぼ倍増。「会社の経営が苦しい」という理由で解雇され、それを不服として相談する件数が急増しているのだ。

企業のほうは、不服だと言われても、会社が潰れるかどうかの瀬戸際なのだからやむを得ない。ところが、ここにも「**整理解雇の4要件**」という規定が立ちはだかる。

1 人員整理をする客観的な必要性がある
2 解雇を回避するために相当の努力をした
3 解雇の人選が合理的である
4 労使の間で十分に話し合った

以上の4つの要件をすべて満たさなければ、解雇は認められない。いずれが欠けても、これまた解雇権の濫用になり無効となってしまうのだ。

整理解雇に関しては、実は企業のほうが安易に解雇している例も少なくはない。

解雇の種類

普通解雇

労働契約の継続が困難な場合の解雇

（例）
●勤務態度や成績が著しく悪く、改善の見込みがないとき
●著しく協調性に欠いて、業務に支障が生じ、改善の見込みがないとき
●健康上の理由などで、職場復帰が見込めないとき

整理解雇

経営悪化による人員整理のための解雇

「整理解雇の４要件」をいずれも満たさなければ解雇権の濫用となる
１人員整理を行う客観的な必要性があること
２解雇を回避するために相当の努力をしたこと
３解雇の基準と人選が合理的であること
４労使間で説明・協議を十分に行ったこと

懲戒解雇

極めて悪質な不正、規律違反、非行などを行ったときの処分としての解雇

とくに解雇を回避するために相当の努力をしていなかったり、従業員と話し合いもせずに、解雇をしている企業はいっぱいある。

失業問題がこれだけとりざたされている今、「**会社が潰れない限り解雇はしてはいけない**」というのが労働行政の基本方針といっていい。整理解雇に踏み切るなら、企業は相応の努力をしなければならないのだ。

あとは懲戒解雇。これは、極めて悪質な不正、違反、非行を行ったときの、処分としての解雇だ。これも労働審判では、ほとんどが無効になる。従業員が、**どんなに悪質な不正を働こうとも、懲戒解雇はできない**ものと思ったほうがいいだろう。

たとえば従業員が、飲酒運転をしても懲戒解雇が認められなかった例がある。また、何年間も無断で欠勤していた従業員を懲戒解雇にしたら、労働審判手続の申立てをされ、職場復帰の審判が下された例もある。

だから、**懲戒解雇は、就業規則に事由を明記しておくことが不可欠**だ。「刑事事件で有罪の判決を受けたとき」というように、具体的に書かなくてはいけない。それでも無効になる場合が多いのだが、少なくとも記載がなければ話にならないのだ。

あなたの会社では横領が行われていないか？

解雇というのは、労使間でいちばんトラブルになりやすい問題だ。

ましてや厚生労働省は、二〇〇〇年に入ってから次々と法律を改正して、解雇ができないような制度をつくっている。

もはや企業は、おいそれと従業員を解雇できない。うっかり解雇をしたら、労働基準監督署で相談、労働審判手続の中立てというパターンにはまって逆襲される。

恐ろしいのは「**このまま置いておいたら会社が破綻する**」というような従業員でも、辞めさせられないということだ。

近ごろは多数の企業の水面下で、いわゆる横領背任が増えている。

業務上横領罪と背任罪というのは、別個の犯罪だが、区分がわかりにくくとてもややこしい。

ここではまず、業務上横領罪（横領）について述べる。

この横領で企業は何が困るかというと、**横領を働いていることがわかっても、その従業員を解雇できない**のだ。

最近は、解雇ができないので賃金や条件の引き下げをする企業が多く、そのぶん会社から金をとってやろうとたくらむ者が続出しているのか、社内の不正な行為が多発している。

実際に、私のところにも「どうやら横領が行われているようなので、調査をしてほしい」という依頼がひっきりなしにくる。

横領は、刑事事件化しにくい犯罪のひとつだ。

たとえば、ある企業は数字上は黒字なのに、なぜか現金が足りない。はっと気がついて、内々に調べると、従業員の誰それが怪しいとわかる。しかし、問い詰めても口を割るわけがない。その従業員が着服しているのは間違いないのに、立件できなければ、怪しいというだけで解雇はできないのである。

こういうパターンは典型で、表には出ていないが、トレンドといっていいくらい激増している。警察に行っても、確実な証拠がなければ動いてくれない。弁護士も、税理士も、尻尾をつかむことはできない。数百万、数千万の損害をこうむっても、従業員は居座り続けている。そうこうするうちに、社内は内側から蝕まれて傾いていくのだ。

企業は多額の損害が出るのも痛いが、不正が発覚しているのに手をこまねいているしかないのはもっと苦しい。やがて職場の士気は下がって、会社崩壊のリスクもある。**横領というのは、一発倒産の危険性も含んでいる**のである。

では、どうすれば横領をしている者を辞めさせることができるのか。

解雇をめぐるトラブルは労使が一致して防ごう

解雇についても、**就業規則に具体的に記載して防御しなければならない。**

これだけ経済の低迷が続き、企業は賃金カットをせざるを得ないと、どうしても社内で不正や違反が発生しやすい。だとしたら、具体的に「役員会で横領とみなしたとき」とか「従業員の過半数が横領とみなしたとき」といった文言で、**懲戒解雇の解雇事由を書くべき**なのだ。

もちろん、それを就業規則に記載する場合は、従業員の代表者と話し合う必要がある。「そんな従業員を疑うようなことを」という声が出るかもしれない。しかし、もし横領や背任が行われたら、会社がどうなるか、ちゃんと話せば理解してくれるはずだ。

就業規則の作成にあたり**「この会社は犯罪を絶対に許さない」という全員の合意**をとる。労使の協調が、横領を事前に防ぐ最も有効な手立てとなる。就業規則に書いてあれば、かりに横領が起こったときに、就業規則上は解雇するのも可能になる。しかし実態としてはこれだけでは解雇は大変難しいことはあまり知られていない。

それから就業規則に記載していない企業が、不幸にして横領を行われてしまったら、そのときも経営者と従業員が一丸となって戦ってほしい。

先に述べたように、横領は立件が非常に難しい。そこで企業は何を優先させるべきかというと、事件化するよりも、社内を正常な環境に戻すことだ。だから、**その従業員には損害金を弁済させ、自分から辞めてもらう**のだ。

それには、ほかの従業員の協力がなくてはならない。

いくら経営陣が追及しても、横領をするような者は、たいがい「証拠があるんですか?」と開き直る。「どうぞ警察に行ってください」とも言う。

それより従業員の代表者が何人か、当人と話をしたほうが、ずっと効果的だ。同じ従業員たちが「このままじゃ会社はだめになる。お金を返して黙って辞めてくれ」と言えば、

「社内に味方はひとりもいない。まわりはみんな敵だ」とわかる。そうすれば、ほとんどのケースで辞表を書くしかないと諦めてくれるのだ。

あとは、**ふだんの対策として、従業員から情報を得る**ことをお勧めしたい。

とくに女性は観察眼が鋭いので、ほかの従業員が高価な洋服を着るようになったとか、持ち物が急に変わったとか、細かいところをよく見ている。

情報を早めにキャッチすれば、先手を打ちやすい。損害が少ないうちに、不正の拡大を食い止めることができるのである。

今は、違法な行為を働く者まで、解雇ができない時代になっている。

従業員との解雇をめぐるトラブルは、従業員を味方につけることで防止をしてほしい。逆転の発想で、労使ともにひとつになって会社を守らなければならないのだ。

第5章
アルバイト従業員も正社員と同じ対策を打とう

絶対に間違わない非正規雇用者対策とは?

職場を混乱に陥れるアルバイトが入ってきた！

いまや全労働者のうち、非正規雇用が三分の一を占める時代になった。従業員のほとんどが正社員で、終身雇用というのは昔の話。パート、アルバイト、派遣社員、期間契約社員と、雇用形態は実にさまざまだ。

こうした状況を背景に、企業が認識しなくてはいけないのは、**厚生労働省は、すべての従業員の保護を企業に義務づけている**ということである。

アルバイトだからといって簡単に解雇はできないし、社会保障だって適用される。ここを理解していないと、非正規雇用の従業員との間にトラブルが起きやすくなるのだ。企業がアルバイトを軽視して切り捨てたりしたら、今は法律がアルバイトの味方につく。**非正規雇用従業員も権利を保障されているので、個別労働紛争になれば企業は絶対的に不利**なのである。

全国の都道府県労働局や労働基準監督署の総合労働相談コーナーで相談するのは、半数以上がパート、アルバイト、派遣社員、契約社員だ。行政は、パートだろうと、アルバイトだろうと、相談の内容が妥当と判断したら、企業に「○○万円の解決金を支払うように」といったあっせんをする。

企業側がつらいのは、現在は法律も制度も、すべての従業員に有利になっているため、どんな訴えもたいがい通ってしまうということだ。

しかも、非正規雇用従業員は「この会社でずっと働く」という意識が最初から薄いので、どんどん個別労働紛争を仕掛けてくる。

それでは、アルバイトに労働審判手続の申立てをされた企業の事例をあげよう。

事例

アルバイトを懲戒解雇にして労働審判に！

「こんなやり方では私は納得できませんっ！」

関東の県庁所在地に本社を置くメーカー、D社のオフィスに女性の大きな声が響き渡った。声の主はF。三カ月前に雇用した三〇歳過ぎのアルバイトだ。

Fはいったい何が「納得できない」のかというと、社内フローが非効率的で「これでは業務がスムーズに流れない」と言うのである。

D社は、創業四〇年の中堅企業。ちょうど、大事な取引先の納期がせまっている時期だった。そんなさなか、社内フローの見直しを話し合う暇があるはずもなかった。

「わかった、わかった。納入が終わったらみんなで話そう」

その場にいた課長がとりなした。しかし、Fは引き下がらない。

「こんなことをしているから、この会社は利益が上がらないんです！」

まわりの従業員は、うんざりしたように「またか」と顔を見合わせた。


Fは、都内の企業数社に勤務経験があり、都心にある企業の経営悪化で整理解雇され、実家に戻ってD社に雇用されたのだった。

D社の社長と人事担当の役員は、東京でバリバリ働いていたというFの事務処理能力を買って、とりあえずアルバイトして雇うことにした。様子を見て、いずれ正社員に採用する予定だったのだ。

D社に入社したFは、はたして予想通り意欲的に仕事をした。

しかし、一カ月、二カ月と仕事に慣れるにしたがって、業務に口出しをするようになった。アルバイトだからといって意見を言うなという決まりはないし、口出しすること自体はかまわない。だが、Fは忙しい時間帯だろうと繁忙期だろうと、タイミングなどおかまいなしに「こうしたほうがいい、ここはこうすべきだ」と主張し、しかもそれは的の外れた意見ばかりだったのだ。

「私の話、聞いてください」

この言葉ではじまるFの「演説」で仕事が滞ることもしばしばだった。正社員がたしなめると、火に油を注いだように反論して、職場の空気が悪くなった。

そんな矢先「社内フローの改善をしましょう」と言い出したのである。

アルバイトは懲戒解雇にしてもかまわない？

D社としては、社内フローどうこうより納期に間に合わせることのほうが先決だ。従業員はみんな、Fの言葉を適当に聞き流して、目前の仕事に専念していたら、そのうちFは勝手に動き出した。現場の若いアルバイトたちに指示を出して、業務の流れを大幅に変えてしまったのだ。

職場は、たちまち大混乱に陥った。そして結局、納品が遅れて、社長は先方に平謝りしなくてはならなかった。Ｄ社は信用を失いかけて、多大な損害をこうむったのだ。もうがまんできない！　職場では、正社員たちの憤りの声がわきあがった。課長はそれを社長に伝え、役員会で協議をしてＦを解雇することにした。

こういう場合、どういう手順で辞めさせればいいんだろう？

社長は、つき合いのある社会保険労務士（社労士）に相談をしてみた。

「職場をめちゃくちゃに混乱させて、製品の納期を遅らせたアルバイトを懲戒解雇にしたいんだけど、どうすればいい？」

「事情はわかりますが、通常は普通解雇になりますねえ。でも、どうしても許せない、懲戒解雇にしたいということなら、手続きをしましょう」

社長は、手続きの依頼をし、社労士の指示通りにＦに解雇を告げた。

「あなたのやったことで納品が間に合わず、会社は大変な損害を受けた。こちらとしては損害賠償を請求したいくらいだが、あなたにも生活があるだろうから懲戒解雇にする。明日から来ないでほしい」

これで一件落着となるはずだった。

地方裁判所から、D社に労働審判手続期日呼出状及び答弁書催告状が郵送されてきたのは、Fを解雇して四カ月後のことだった。

封を開けてみたら、Fの代理人である弁護士による申立書の写しが入っている。

申立書には、こう書いてあった。

「D社の**就業規則には、懲戒解雇の事由が明確に記載されておらず、本件解雇は違法**である。したがってFはD社に対して、**雇用契約上の権利を有する地位にあることの確認および、解雇した日から労働審判が確定するまで毎月○○万円の賃金を支払え**」

つまりFは、D社に**職場復帰を求めるとともに、辞めさせられた日から労働審判が決着するまでの給料を請求**してきたのである。

なぜだ？　迷惑を受けたのは、こちらのほうだ！　社労士に相談して手続きをしたのに、どうして解雇が違法なのだろう？　社長は、茫然としてしまった。

絶対不利な審理をくつがえすには事実で勝負

堅実な取引をしてきたD社は、これまで大きなトラブルもなかったため顧問弁護士がいない。困り果てた社長は、つてをたどって弁護士を紹介してもらった。

しかし、いきさつをひと通り聞いた弁護士の言葉はにべもない。

「これはだめですよ。弁明の余地がまったくない。**懲戒解雇というのは、労働者にとっては死刑宣告をされたようなもの**なんです。よほど悪質な違反をして、なおかつその確たる証拠がなければ、裁判でも労働審判でも懲戒解雇は認められないんですよ。しかも、就業規則に懲戒解雇の事由を明記していなかったんでしょう？　労働審判では十中八九、職場復帰が確定するでしょうね」

労働審判は非公開なので、どのような事案でどういう審判が下されるのか、細かいことはほとんどわからない。

社長から相談された社労士は、この場合は普通解雇が妥当だということは認識していたが、**労働審判までいくと、アルバイトでも懲戒解雇はほぼ無効になる**という情報をもっていなかった。そのため社長の望み通り、懲戒解雇の手続きをしてしまったのだ。


D社では連日、社長と役員が話し合いをした。

あのFが、また舞い戻ってくるのは絶対に困る。しかし、弁護士は「間違いなく、職場復帰が確定する」と断言している。どうすればいいんだろう？

そこで、何人もの知り合いにたずねて、私に依頼が来たのである。

私も話を聞いて、これは難しい案件だと判断せざるを得なかった。だが、職場復帰だけはなんとしてでも阻止しなければならない。

私は、一連のトラブルを見てきたD社の課長に聞いてみた。

「ほかの従業員の人たちはどう言っているんですか？」

「許せないと言っています。納期の前後は、職場は戦場のようになりましたから」

「狙いどころはそこですね。徹底的に、事実関係を洗い出しましょう」

課長と、このような会話をして、私はさっそく調査にとりかかった。

私はまず、目ぼしい従業員たちに「Fによって、どれだけ職場が混乱したか。そのFが職場に復帰することが、どれほどの苦痛であるか」という**陳述書**を書いてもらうことにした。さらに正社員、アルバイトを問わず、できるだけたくさんの従業員に聴きとりをし、Fの言動を文書化して**時系列表**にしてもらった。

労働審判の**答弁書に添付する書類は、簡潔に事実だけを書く**のがポイントだ。

企業側の人は、あれこれひねって自分たちを正当化する文章にする傾向があるが、そういうのはかえって労働審判官や労働審判員の心象を損ねやすい。

私は、従業員の陳述書および時系列表を添削して、それをD社の代理人となる弁護士に渡した。これで書類の準備は完成した。

職場復帰阻止は成功！　解決金は支払う結果に

間もなく、労働審判手続の第一回期日の日がやって来た。

労働審判で代理人をつとめることができるのは、原則として弁護士のみだが、地裁の許可があれば、労働問題の専門家や労組幹部なども代理人となることができる。また審判官と審判員からなる**労働審判委員会の判断で、申立人（従業員）と相手方（企業側の代表者）とそれぞれの代理人のほか、関係者の傍聴が認められる**こともある。

しかし、ほとんどの場合、当事者と弁護士しか、審判を行う部屋に入ることは許されない。D社の審理でも、**社労士が同席しようとしたが、審判官から「退場してください」と言われている。**

やがて審理の結論は、第二回期日で出た。「職場復帰は認められないが、解決金として中立人が請求する賃金を払ってはどうか」という調停案が出されたのだ。職場復帰命令が出なかった！　私たちは、握手して喜んだ。

おそらく事実を事実のまま、**正直に切々と訴えた従業員の陳述書が功を奏した**のだ。懲戒解雇にしてしまって、おまけに就業規則に解雇の事由が記載されていないのだから、もともと勝ち目は薄かった。

だが、Fが D社で何をしてきたか、Fが復帰すればどれだけみんなが困るか、審判官にも審判員にも伝わったのだろう。これは**画期的な結果**といっていい。

ただ、やはり懲戒解雇はまずかったのだ。結局、Fの要求額がほぼそのまま認められて、**百万円を超える解決金を払わされる**ことになった。

社長は、怒りを抑えることができない。あれだけ会社をかき回されて、あやうく取引先を失いかけて、どうして百万円も払わなければいけないのか？

私は、社長に言った。

「Fは会社に甚大な損害を与えたけれど、犯罪行為を働いたわけじゃないんです。職場復帰命令が出なかっただけでもよしとしましょう。これをきっかけに就業規則や労働契約のシステムをしっかり整えて、会社の利益を守ることです」

D社はさっそく、私も手伝って、社内の労働関係書類の見直しをした。今では、D社のすべての従業員の雇用と契約の体制は完全に近いものになっている。

アルバイトには労働条件通知書を渡そう

こういうFみたいなアルバイトは、うちにもいるな。

そう思った方も、たぶん、たくさんおられるのではないだろうか。

雇用形態が多様化して、このごろは正規雇用の従業員と、非正規雇用の従業員の境があいまいになってきた。パートも、アルバイトも、派遣社員も、どんどん自分の権利を主張し、会社と争うのも辞さない事態になっている。

企業は、そこをふまえて対策を立てなくては、D社のように痛手をこうむるのだ。

とくに従業員の過半数がパート、アルバイトの企業は、**パート、アルバイトも法律上は正社員と同様の立場にある**ということを理解しておかなければならない。

労働基準法、最低賃金法、男女雇用機会均等法といった**労働関係の法律は、パートやアルバイトにも適用される**。まず、この大前提を胆に銘じていなければ、アルバイトを懲戒解雇→労働審判というプロセスをたどってしまうのである。

パート、アルバイトを雇用する場合の注意点は、以下のようなものがあげられる。

●労働条件通知書を渡す
●パート、アルバイト用の就業規則を作る
●有給休暇の規定を明確にする
●解雇の事由を明確にする

パート、アルバイトは比較的、短期間の雇用であるため、労働条件をはっきり決めずに雇ってしまいがちだ。しかし、**厚生労働省をはじめ労働行政機関では、労働条件通知書を渡すことが望ましい**としている。東京労働局のサイトには、労働条件通知書のモデルが掲載されているので参考にするといいだろう。

また、就業規則に関しては、正社員とは別にパート、アルバイト用の規則を作成することをぜひお勧めしたい。

なかでも、よく考えて記載してほしいのは、有休と解雇の項目だ。

パート、アルバイトでも雇用から六カ月が過ぎると有給休暇を与えなくてはいけない。かといって、小売業などのアルバイトが忙しい時期に「自分はバイトだから休みます」というのでは困ってしまう。これは、けっこうトラブルになるケースが多いので、アルバイト用の就業規則に書いておいたほうがいいのだ。

それから、解雇の項目も重要である。D社の犯した最大の間違いは、就業規則に懲戒解雇の事由を記載していなかったことだ。D社に限らず、**大半の企業は「パートやアルバイトは簡単にクビにできる」と誤解している。**これがトラブルのもとで、解雇に関係する法律は正社員と同じなのだ。したがって、これもパート、アルバイト用の就業規則および労働条件通知書に記しておこう。

労働契約法は労使の契約の基本ルールだ

多くの企業では、いまだパート、アルバイト、契約社員、嘱託社員、臨時社員といった非正規雇用の従業員を軽視しがちだ。しかし、パートやアルバイトをゆめおろそかに扱ってはいけないということが、おわかりいただけたのではないかと思う。

有給休暇

<table>
<tr><th rowspan="2">週所定労働時間</th><th rowspan="2">週所定労働日数</th><th rowspan="2">1年間の所定労働日数</th><th colspan="7">勤続期間</th></tr>
<tr><th>6か月</th><th>1年6か月</th><th>2年6か月</th><th>3年6か月</th><th>4年6か月</th><th>5年6か月</th><th>6年6か月以上</th></tr>
<tr><td>30時間以上</td><td></td><td></td><td>10日</td><td>11日</td><td>12日</td><td>14日</td><td>16日</td><td>18日</td><td>20日</td></tr>
<tr><td rowspan="5">30時間未満</td><td>5日以上</td><td>217日以上</td><td>10日</td><td>11日</td><td>12日</td><td>14日</td><td>16日</td><td>18日</td><td>20日</td></tr>
<tr><td>4日</td><td>169日～216日</td><td>7日</td><td>8日</td><td>9日</td><td>10日</td><td>12日</td><td>13日</td><td>15日</td></tr>
<tr><td>3日</td><td>121日～168日</td><td>5日</td><td colspan="2">6日</td><td>8日</td><td>9日</td><td>10日</td><td>11日</td></tr>
<tr><td>2日</td><td>73日～120日</td><td>3日</td><td colspan="2">4日</td><td>5日</td><td colspan="2">6日</td><td>7日</td></tr>
<tr><td>1日</td><td>48日～72日</td><td>1日</td><td colspan="3">2日</td><td colspan="3">3日</td></tr>
</table>

今は、アルバイトのゆるい規定を求めながら、権利だけはしっかり主張する者もすごく増えている。にもかかわらず、都道府県労働局も、労働基準監督署も、原則的に法律によってあらゆる労働者を保護する。しかも、法律はネコの目のように変わる。だから、**労働関係の法令を常時チェックしていなければならない**のだ。

いろいろな雇用形態の従業員を数多く雇用している企業の方々に、**必ず押さえておいてほしいのは「労働契約法」という法律**だ。

これは非正規雇用が増加し、さまざまな労働条件が個別に決定されるようになって、トラブルが増えたため、二〇〇八年（平成二〇年）に施行された法律である。

それまでは個別労働紛争制度や、労働審判手続制度はできたが、労働契約についてひとつにまとめた法律はなかった。

そこで労働契約法ができたわけだが、つまりはみんな契約があいまいだから紛争が起こるという考えに基づいて、「そもそもの契約をちゃんとしなさい」という法令なのだ。

労働契約法の第6条では、**労働者と使用者が「労働すること」「賃金を支払うこと」についで合意すると、労働契約が成立する**とされている。

さらに第7条では、**労働契約を結ぶときに、就業規則がある場合は、就業規則が労働条**

労働契約書または労働条件通知書に明示しなければならない事項

労働基準法
により義務付

- 労働契約の期間
- 仕事をする場所、仕事の内容
- 勤務時間、残業の有無、休憩時間、休日・休暇、交替制勤務の場合のローテーション
- 賃金の決定、計算と支払の方法、締切と支払時期
- 退職に関すること、解雇事由

パートタイム労働法
により義務付

- 昇給の有無
- 退職手当の有無
- 賞与の有無

件になるとしている。またパートやアルバイトなどの労働者と、**個別に労働条件通知書や労働契約書を決定した場合は、それが就業規則より優先される**としている。

したがって「正社員であろうと、パートであろうと、アルバイトであろうと、雇用形態に適したかたちで、就業規則または労働条件通知書による労働条件をおたがいに合意したうえで契約しなさい」というのが労働契約法の主旨なのだ。

二〇〇八年にスタートした、この労働契約法は、労働基準法とともに現在の労働関係法令の根幹になるものといってもいい。

労働契約法の解説書は、すべての労働基準監督署に置いてある。それを読み解いて、それぞれの企業の実態に即した契約システムを作っていただきたい。

労働契約

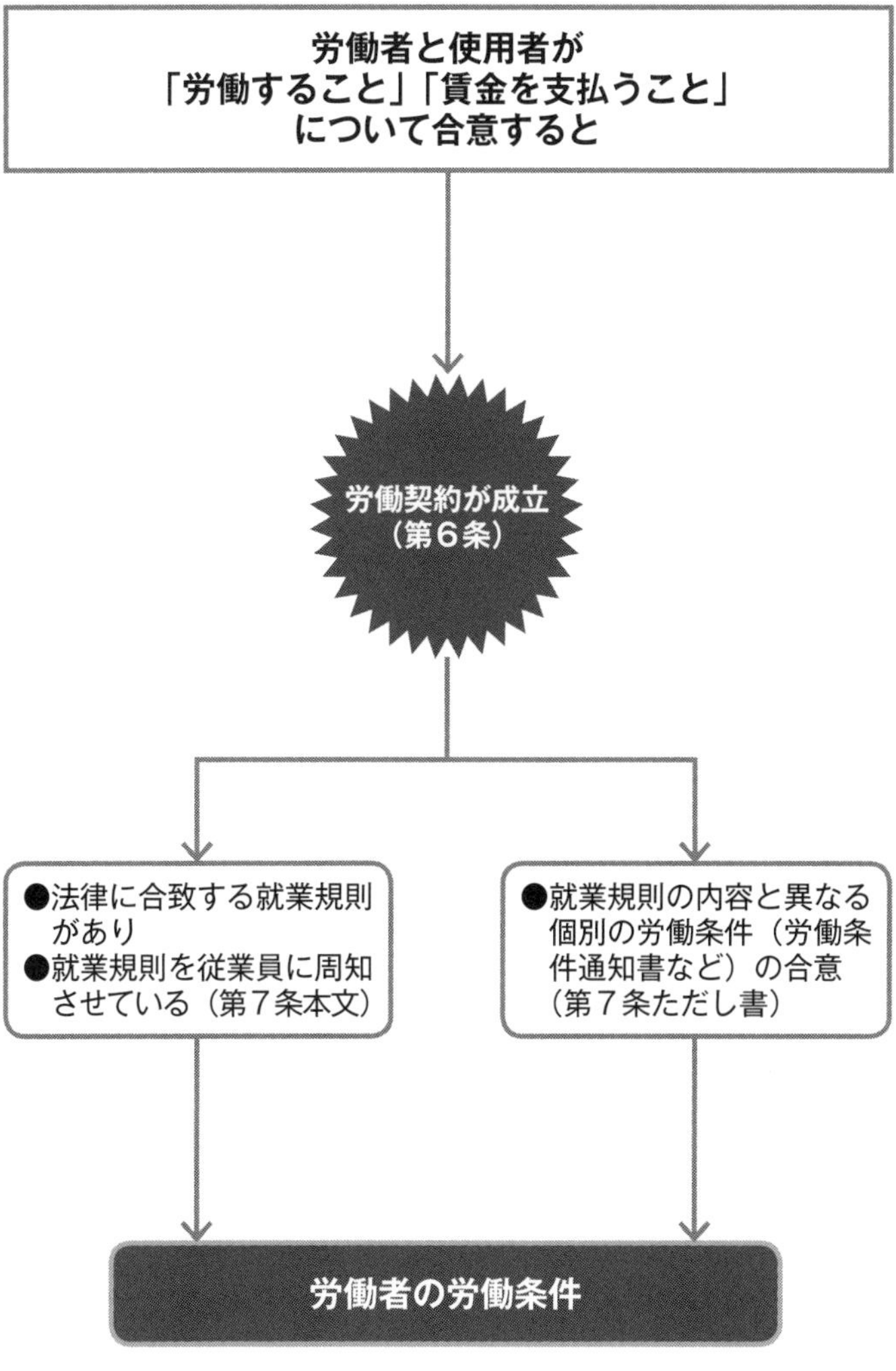
労働者と使用者が
「労働すること」「賃金を支払うこと」
について合意すると
労働契約が成立
（第6条）
●法律に合致する就業規則
があり
●就業規則を従業員に周知
させている（第7条本文）
●就業規則の内容と異なる
個別の労働条件（労働条
件通知書など）の合意
（第7条ただし書）
労働者の労働条件

賃金	1　基本賃金　イ　月給　(　　円)、ロ　日給　(　　円) ハ　時間給　(　　円)、 ニ　出来高給　(基本単位　　円、保障給　　円) ホ　その他　(　　円) ヘ　就業規則に規定されている賃金等級等 [　　　　] 2　諸手当の額又は計算方法 イ　(　手当　円　／計算方法：　　) ロ　(　手当　円　／計算方法：　　) ハ　(　手当　円　／計算方法：　　) ニ　(　手当　円　／計算方法：　　) 3　所定時間外、休日又は深夜労働に対して支払われる割増賃金率 イ　所定時間外、法定超（　）%、所定超（　）%、 ロ　休日　法定休日　(　) %、法定外休日　(　) %、 ハ　深夜　(　) % 4　賃金締切日　(　) ー毎月　日、(　) ー毎月　日 5　賃金支払日　(　) ー毎月　日、(　) ー毎月　日 6　賃金の支払方法　(　　) 7　労使協定に基づく賃金支払時の控除　(無　，　有　(　)　) 8　昇給　(時期等　　) 9　賞与　(　有　(時期、金額等　　)，　無　) 10　退職金　(　有　(時期、金額等　　)，　無　)
退職に関する事項	1　定年制　(　有　(　歳)　，　無) 2　継続雇用制度　(　有　(　歳まで)　，　無　) 3　自己都合退職の手続　(退職する　日以上前に届け出ること) 4　解雇の事由及び手続 [　　　　] ○詳細は、就業規則第　条～第　条、第　条～第　条
その他	・社会保険の加入状況（　厚生年金 健康保険 厚生年金基金 その他（　　）） ・雇用保険の適用　(　有　，　無　) ・その他 [　　　　]

※「契約期間」について「期間の定めあり」とした場合に記入

更新の有無	1　契約の更新の有無 [自動的に更新する・更新する場合があり得る・契約の更新はしない・その他(　)] 2　契約の更新は次により判断する。 ・契約期間満了時の業務量　・勤務成績、態度　・能力 ・会社の経営状況　・従事している業務の進捗状況 ・その他（　　）

※以上のほかは、当社就業規則による。

労働条件通知書・見本

＿＿＿＿＿＿＿＿殿	年　月　日 事業場名称・所在地 使用者職氏名
契約期間	期間の定めなし、期間の定めあり（※）（　年　月　日　～　　年　月　日　）
就業の場所	
従事すべき業務の内容	
始業、終業の時刻、休憩時間、終業時転換（　（1）～（5）のうち該当するもの一つに○をつけること。）、所定時間外労働の有無に関する事項	1　始業・終業の時刻等 （1）始業（　時　　分）終業（　　時　　分） 【以下のような制度が労働者に適用される場合】 （2）変形労働時間制等；（　　）単位の変形労働時間制・交替制として、次の勤務時間の組み合わせによる。 ┌始業（　　時　　分）終業（　　時　　分）（適用日　　　　） ├始業（　　時　　分）終業（　　時　　分）（適用日　　　　） └始業（　　時　　分）終業（　　時　　分）（適用日　　　　） （3）フレックスタイム制；始業及び終業の時刻は労働者の決定に委ねる。 （ただし、フレキシブルタイム（始業）　時　　分から　　時　　分、 （終業）　時　　分から　　時　　分、 コアタイム　　　時　　分から　　時　　分） （4）事業場外みなし労働時間制；始業（　　時　　分）終業（　　時　　分） （5）裁量労働制；始業（　　時　　分）終業（　　時　　分）を基本とし、労働者の決定に委ねる。 ○詳細は、就業規則第　条～第　条、第　条～第　条、第　条～第　条 2　休憩時間　（　　）分 3　所定時間外労働の有無　（　　有　　，　　無　　）
休日	・定例日；毎週　　曜日、国民の祝日、その他（　　　　　） ・非定例日；週・月当たり　　日、その他　（　　　　　） ・1年単位の変形労働時間制の場合ー年間　　日 ○詳細は、就業規則第　条～第　条、第　条～第　条
休暇	1　年次有給休暇　6か月継続勤務した場合→　　日 継続勤務6か月以内の年次有給休暇　（有・無） →　か月経過で　　日 2　その他の休暇　有給　（　　　　　） 無給　（　　　　　） ○詳細は、就業規則第　条～第　条、第　条～第　条

（次頁に続く）

第6章
不正な残業代の請求はこうやって阻止せよ

労働時間と割増賃金のルールを押さえる

一年後に郵送されてきた残業代の支払い請求

私の知り合いの弁護士さんから聞いた話によると、ある販売店の元従業員が申立てた労働審判手続で、約二年分の**残業代を支払う調停が成立**したのだそうだ。

この事案では、元従業員は労働時間を記録しておらず、これだけ残業をしたという証拠はもっていなかったにもかかわらず、店の営業時間から概算して請求した額がほぼ審理で認められたという。

また飲食チェーン店の元アルバイト従業員も、およそ二年分の未払い残業代を請求し、地裁の判決により**支払命令が出された**。こちらは労働審判ではなく通常訴訟だ。

この場合は、労働基準法で定めている労働時間等の取り決めがあいまいだったとして、飲食会社の言い分は認められなかったのだ。

これは、どちらも事業主の側に落ち度がある。

労働法令を守らず、払うべき残業代をちゃんと払っていなかったら、訴えられても仕方がない。就業規則や労働条件通知書上で、労働時間や賃金の支払い方法がはっきりしていなければ、従業員から訴えられたときに申し開きはできないのだ。

ただし、最近は**不当に残業代を請求する従業員が激増**している。

中小企業の経営者を百人集めて「すべての従業員に法令通り、残業代を全額払っていますか？」と聞いたら、「払っている」という人はほとんどいないと思う。

従業員をタダ働きさせてやろうとか、こきつかってやろうという悪質な企業ももちろんあるが、悪意ではなく、業態や経営状態によっては労働時間が長時間になりがちな会社は星の数ほどある。

そうした企業の弱みをついて、残業代を払えと訴える従業員が増えているのだ。

事例

円満に退職した元従業員から残業代の請求が！

都内にあるS社は、正社員とパートやアルバイトと合わせて従業員数約二〇名のIT関連企業だ。あるときインターネットに求人募集を出したら、Nという二〇代後半の男が面接に来た。

Nは、それまで何社もの会社に勤めてきたらしく、自分から辞めたのか辞めさせられたのかわからないが、要するにどこも長続きしなかったようだ。面接をした社長は、これは戦力にはならないなと判断して断ろうとした。

しかし、Nは「必死でがんばりますから雇ってください」と言う。「お金がないので、採用してもらえなかったら、明日から生活できないんです」と懇願する。

かわいそうだなと思った社長は、Nを正社員として雇用することにした。

ところが、雇ってみたら案の定、Nは仕事ができなかった。営業をやらせてみれば、成績はどれだけ回ってもゼロ。交通費ばかり浪費するありさまだった。

社長は、たまりかねてNに告げた。

「正直言って、うちは役に立ってくれない正社員を置いておく余裕はないんだ。君を雇っているだけで、毎月これだけの支出になって、経営を苦しくさせている。悪いけれど、お願いだから、ほかの会社を探してくれないか」

言葉を尽くして話をして、Nも納得した。納得したと思っていた。

なのに、Nが退職して約一年が過ぎたころ、ある法律事務所の弁護士から、配達証明付きの内容証明郵便が届いた。Nの**労働時間と割増賃金の記録が同封されていて**

「これだけの未払いの残業手当があるので支払え」と書いてあったのだ。

就業規則の労働時間の記載があいまいだった!

一年も経って今ごろ何なんだ? しかも辞めるときには、全然もめていないのに。

社長は、知人に弁護士を紹介してもらって相談をしてみた。弁護士が言うには、

「請求額を全額支払うしかないでしょうね。もし拒否をしたら、こういう相手は、**仮払いや仮差押えの手段**をとってくるかもしれません。**口座を一時的に凍結されるおそれ**もあるので、早めに対応したほうがいいですよ」

とのことだった。さらに弁護士は、S社の**就業規則を見て、残業などの労働時間の記載が明確ではない**ことを指摘した。就業規則に明示していないので、訴訟ではなく、労働審判の申立てをされたとしても、おそらく相手が求める額を支払わなければならない。「いずれにしろ、勝算は薄い」と言うのだ。

弁護士も助けてくれない。どうしたらいいんだ。S社の社長と二人の役員は困り果て、役員の友人が私の知人だったため、私のところに連絡してきたのである。

私は説明を聞いたのち、従業員の意向を確認することにした。ほとんどの個別労働紛争は、現場の人たちに確かめなければ、どっちの言い分が正しいのかわからない。

そこで、従業員に話を聞くと、「Nは全然仕事ができなくて、みんな困っていた」とか「残業代を払うに値するようなヤツじゃない」という言葉が返ってきた。

S社の言っていることは間違いないな。

そう確認できたので、あとはNの**請求をどこまで退けられるかの戦い**になる。S社が、就業規則で残業について明記してなかったのはどうしようもない。こちらは**就業規則の記載で反論することはできないので、いくらかの和解金を払うのはやむを得ない**。問題は、どれくらい相手の不当な請求を拒むことができるかだ。

Nが、要求している未払いの残業代は七〇万円。内容証明郵便の文書をよく見ると、請求額の振込先は、法律事務所ではなくN本人の口座になっている。

仮差押えの手続きにしろ、労働審判手続にしろ、請求額が七〇万では弁護士が代理人になれば弁護士料で相殺されてしまう。ということは、振込先がNの口座になっているのを見ても、おそらくNと弁護士は知り合いなのだ。

金に困ったNが「こんなひどい会社があって、残業代を払ってくれない」となんとか言って、弁護士はそれを真に受け、ほとんどボランティアで「内容証明を送るだけ送ってみたら?」といういきさつになったのだと推測される。

残業の許可届なしを主張して有利な和解に

S社のほうは、弁護士をつけずに交渉をすることにした。最初に相談した弁護士も及び腰だったたし、たいがいの弁護士は、未払い請求で企業につくと企業の口座凍結なんてことになりかねないので引き受けたがらない。

だから、代理人なしで戦うことを決め、事実関係の洗い出しからはじめることにした。

ただ、一年も前の話なので、何月何日はNが何時間残業をしたという証拠はS社には残っていない。内容証明郵便に同封されていた記録は、あくまでNの主張だ。

そこで、Nが使っていた**パソコンの使用記録を調べてみた**。そうしたら、驚いたことにNの記録と合っていたのだ! インターネットのサイトか何かを見ていただけなのだろうが、遅くまで会社にいたのは事実だった。報告書を書くでもなく、企画書を書くでもなく、**ただ深夜まで会社にいて、密かに時間の記録をつけていた**のだ。

しかし、ひとつ有利な点が見つかった。S社は、**時間外労働が多くなりがちなので、長時間の残業は許可制**にしていた。ところが、Nの残業届はまったく出ていなかった。ほかの従業員の残業届はちゃんと残っている。

S社は、「Nは許可なく残業をしていた」ということを書いて、Nの弁護士の事務所に送った。そうしたら、うんともすんとも返事が来ない。

やがて半年が過ぎて、S社は「Nは諦めたのかな」と安心しかけたころに、今度は**都道府県労働局の紛争調整委員会によるあっせん**の連絡があった。

N側は労働局に行って、あっせん委員に申請をしたのだ。

S社の社長、役員、私も加わって、どうすべきか話し合いをした。

私が勧めたのは、こうなったらS社サイドとNとNの弁護士と、みんなで一堂に集まって和解をすることだ。

就業規則の明確な記載もない、労働時間の記録もないでは、S社はいかにも分が悪い。対策を打っていなかったこちらが悪いのだから、和解をするしかない。

ただし、Nの要求を全額のむわけはいかないし、支払金額を特別損失として計上するのは避けたい。そこで、ほかの従業員がNをどう評価しているか証言があることと、残業届が出ていないということを強調して、Nの弁護士と交渉をした。そして、社長のポケットマネーで四〇万円だけ支払うことで決着したのだ。

結局、解決金は支払わなければならなかったが、仮差押えの手続きをされるなど、最悪の事態にならずにすんだのは幸いだった。

意外とみんな理解していない労働時間の基準

S社のような事例は、今、どこの企業でも起こり得るトラブルといえる。

実際に、ある業種の経営者の懇親会では「うちにも、ついに残業代払えの内容証明がきたよ」「とうとうきたか」「うちは辞めた従業員で、払えって言ってきたのは二人目だ」と話題になったらしい。

別に悪徳業者の集まりではない。社会的に認知された、まっとうな企業ばかりだ。

しかし、従業員にサービス残業をしてもらうしかない職場はたくさんあるし、労働関係法令を一〇〇パーセント遵守している企業などほとんどない。

そこを狙って、未払い残業代の請求をしてくる元従業員が後を絶たないのだ。

じゃあ、どうすればいいのかというと、最低限すべきことは、**時間外手当を支払う必要がある労働時間と割増賃金に関する労働基準法をしっかり押さえておく**こと。

労働時間については、これだけは必ず覚えておいてほしい。

●従業員に（休憩時間を除き）一週間に四〇時間を超えて働かせてはいけない
●従業員に一日に八時間を超えて働かせてはいけない
●就業規則に、労働時間、休憩、休日を明記する

現実にこの三つをすべて守っている企業はないと思うが、少なくともこれらの労働基準法を知っていないと話にならない。元従業員が労働基準監督署に行って「残業代を払ってもらっていない」と訴えて、労働基準監督官がいきなり来たときに「うちは、みんな一週間に七〇時間ふつうに働いていています」なんて言ったらアウトだ。

現実はどうあれ、法律を守る努力はしなくてはならないのだ。

それから、厚生労働省労働基準局では「**従業員の始業・終業の時刻を確認し、記録する**

時間外手当を支払う必要があるケース

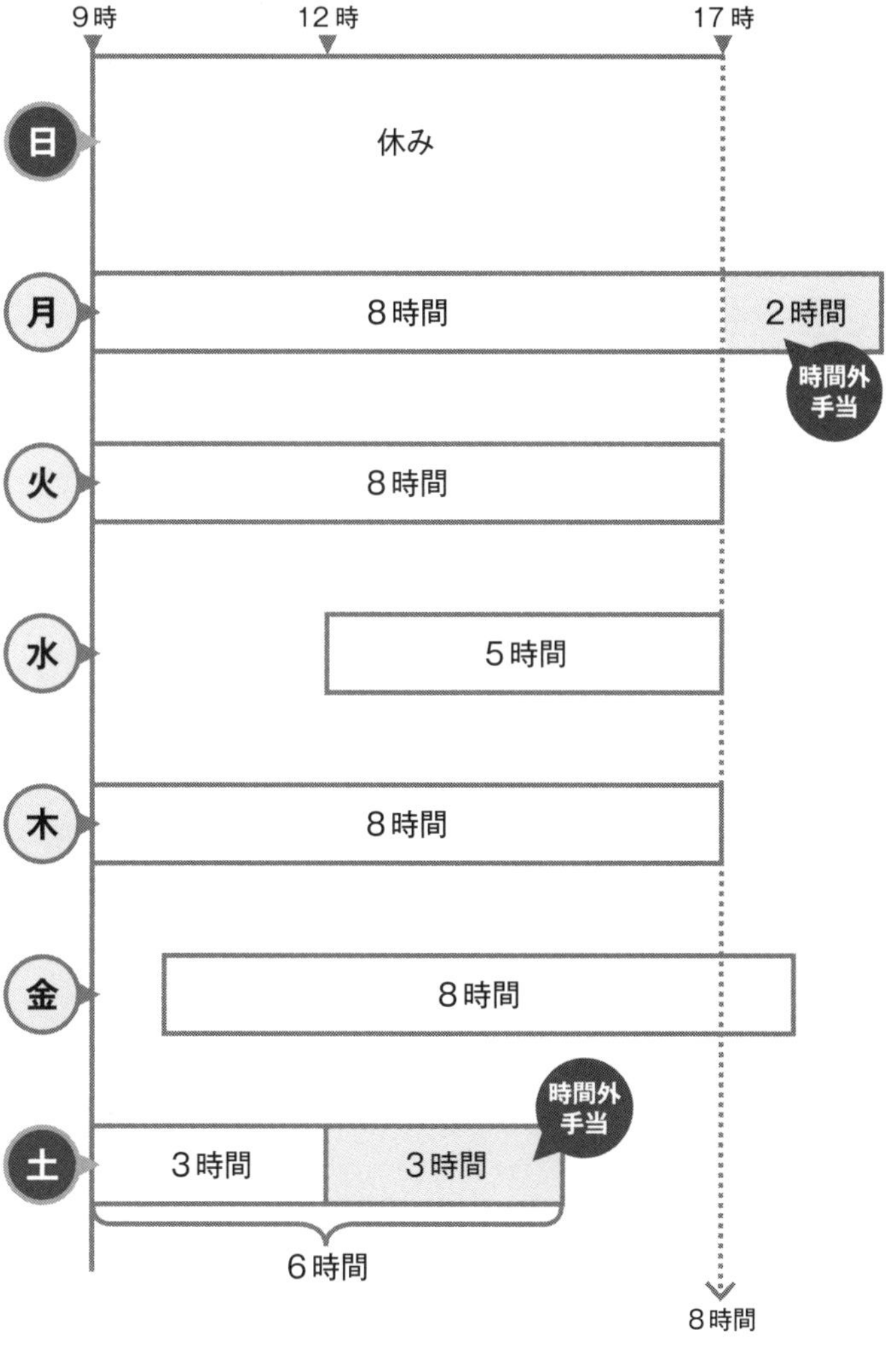

こと」と定めている。これは多くの企業では、タイムカードやＩＣカード、ＩＤカードで記録していると思う。

ただし、タイムカードなどはトラブルが起きやすい。私の知る例では、ほかの従業員にカードを押させて、残業時間を水増ししたうえで、退職してから残業代を請求してきた従業員もいる。だから、私の顧問企業には、できるだけ部署ごとの責任者が従業員の始業・終業時刻を記録するようにアドバイスしている。

あとは、労働基準局では「**必要に応じて、残業命令書等とタイムカードなどの記録と照合すること**」を推奨している。

残業命令書を出すのは、不正な残業を阻止するにはかなり有効だ。就業規則に「残業命令書により、残業を命じることがある」と書いてあれば、それは会社の規則になる。また、インチキな残業代請求をされたときに、残業命令書で確認ができるだろう。

割増賃金の計算方法を把握しているか？

次に労働基準法における、割増賃金はどのように定められているのか。

ここで重要なのは、**個々の従業員の一時間あたりの賃金を把握**しておくことだ。
月給制で一時間あたりの賃金の計算は、

(月給額×一二カ月)÷(年間総所定労働時間)=一時間あたりの賃金

となる。月給額は基本給+諸手当で、ここには残業手当、休日出勤手当、深夜勤務手当のほか、通勤手当・家族手当・住宅手当なども原則として含まれない。また所定労働時間というのは、残業時間帯や深夜時間帯などを除いた実働時間だ。

これは細かい定めがあるので、厚生労働省の規定を確認してほしいのだが、とにかくいわゆる「残業代」は、この一時間あたりの賃金をもとに算出するのである。

残業代を請求するトラブルでは、**従業員側は残業手当だけでなく、休日手当や深夜手当も加算して請求**してくる。

残業手当・休日手当・深夜手当といった割増賃金は、それぞれ割増率が定められており、一時間あたりの賃金×割増率×労働時間で計算する。

したがって従業員の弁護士から送られてくる「残業代払え」の内容証明郵便には、恐ろしいことに、この計算式で出してびっしり書かれた割増賃金表が入っているのだ。

あとは割増賃金に関して、注意しなければいけないのは以下のようなものがある。

●残業手当の一律支給
●年間休日
●管理職の割増賃金

企業や業種によっては、残業手当を「何々手当」として一律で支給しているところもあると思う。その場合は、必ず労使の合意のもと、**就業規則に定額支払い**ということを書かなければならない。また年間休日も、祝祭日が休みにならないサービス業などは、これもきちんと**就業規則に法定休日と割増賃金**の規定を明記することだ。

それから管理職の割増賃金。これは飲食業の「名ばかり管理職」で問題になったが、**割増賃金を支払う必要のない管理職を長時間労働させる**企業がいまだにたくさん見受けられる。これは、ますます行政の監督が厳しくなるはずだ。労働審判でも通常訴訟でも、間違いなく厳しい結果が出ると思われるので気をつけていただきたい。

割増賃金の種類と割増率

種類	支払う条件	割増率
法定時間外 （時間外手当・残業手当）	1日8時間・週40時間を超えたとき	25%以上
休日 （休日手当）	法定休日（週1日）に勤務させたとき	35%以上
深夜 （深夜手当）	22時から5時までの間に勤務させたとき	25%以上

所定労働時間が9時から17時まで（8時間・休憩1時間）で、1時間あたりの賃金が1,000円の場合。

例1　17時から24時まで残業させたケース

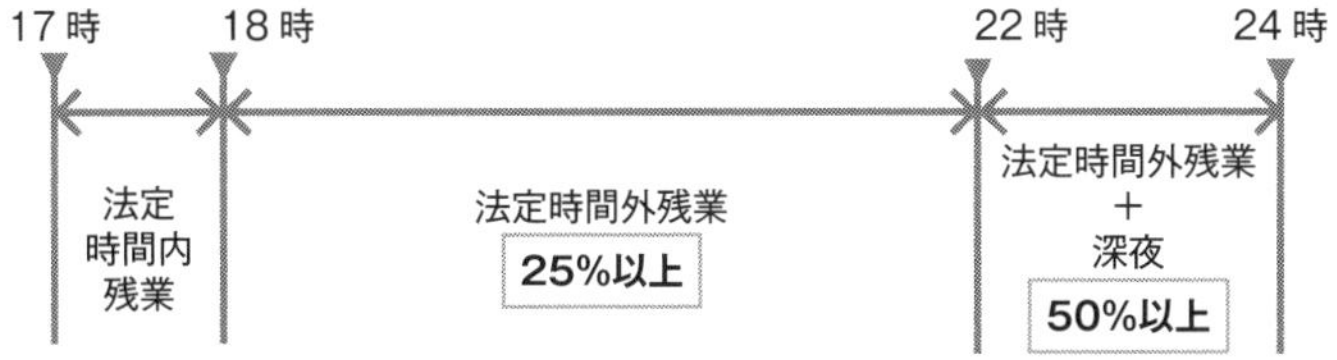

17時～18時　1,000円×1時間＝1,000円
18時～22時　1,000円×1.25×4時間＝5,000円
22時～24時　1,000円×1.50（1.25＋0.25）×2時間＝3,000円

例2　法定休日に18時から25時まで労働させたケース

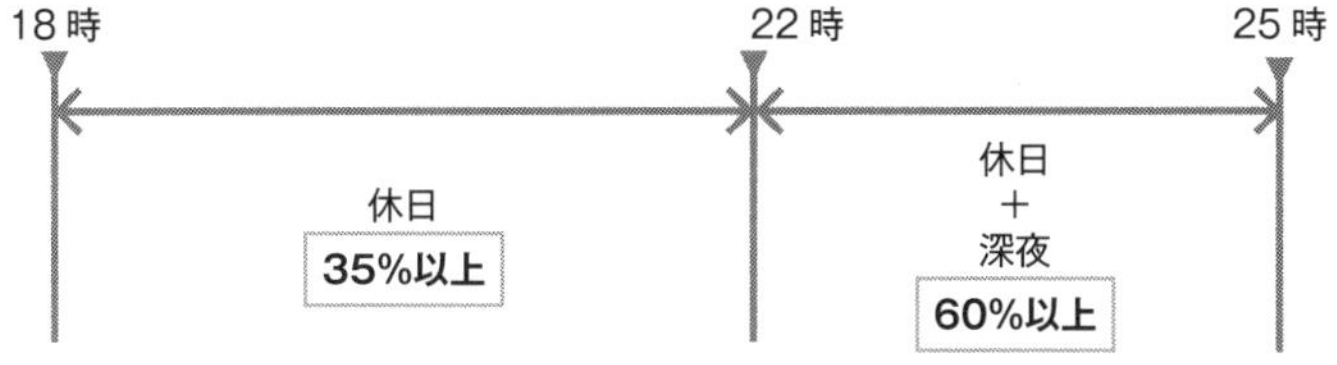

18時～22時　1,000円×1.35×4時間＝5,400円
22時～25時　1,000円×1.60（1.35＋0.25）×3時間＝4,800円

悪い従業員のたくらみを防ぐ4つの対抗法

労働基準法では、このように労働時間と割増賃金について細かい決まりがある。

もうひとつ労働関係法令には、最低賃金法という法律もあり、これもまた残業代のトラブルになると労働基準監督署に必ず調べられる。

最低賃金法は、最低賃金審議会による審議で、**地域ごと、産業ごとに決定した最低賃金額以上の賃金を従業員に支払わなければいけない**という法律だ。

各都道府県の最低賃金額は、不定期に審議される。だから「**現在の、当該地域の最低賃金」を常にチェックして、従業員の賃金と比較**しておかなければならないのだ。

この場合の従業員の賃金は、月給制なら時間当たりの金額で計算する。これは先の「一時間あたりの賃金」と混同しやすいのだが、基本給に含まれる諸手当が異なるので、時間当たりの金額は微妙に違うものになる。よって「一時間当たりの賃金」と、最低賃金を比較するための「時間当たりの金額」は別々に算出してほしい。

私が企業の方々に必ずアドバイスするのは、厚生労働省や都道府県労働局が出している

最低賃金の対象となる賃金の例

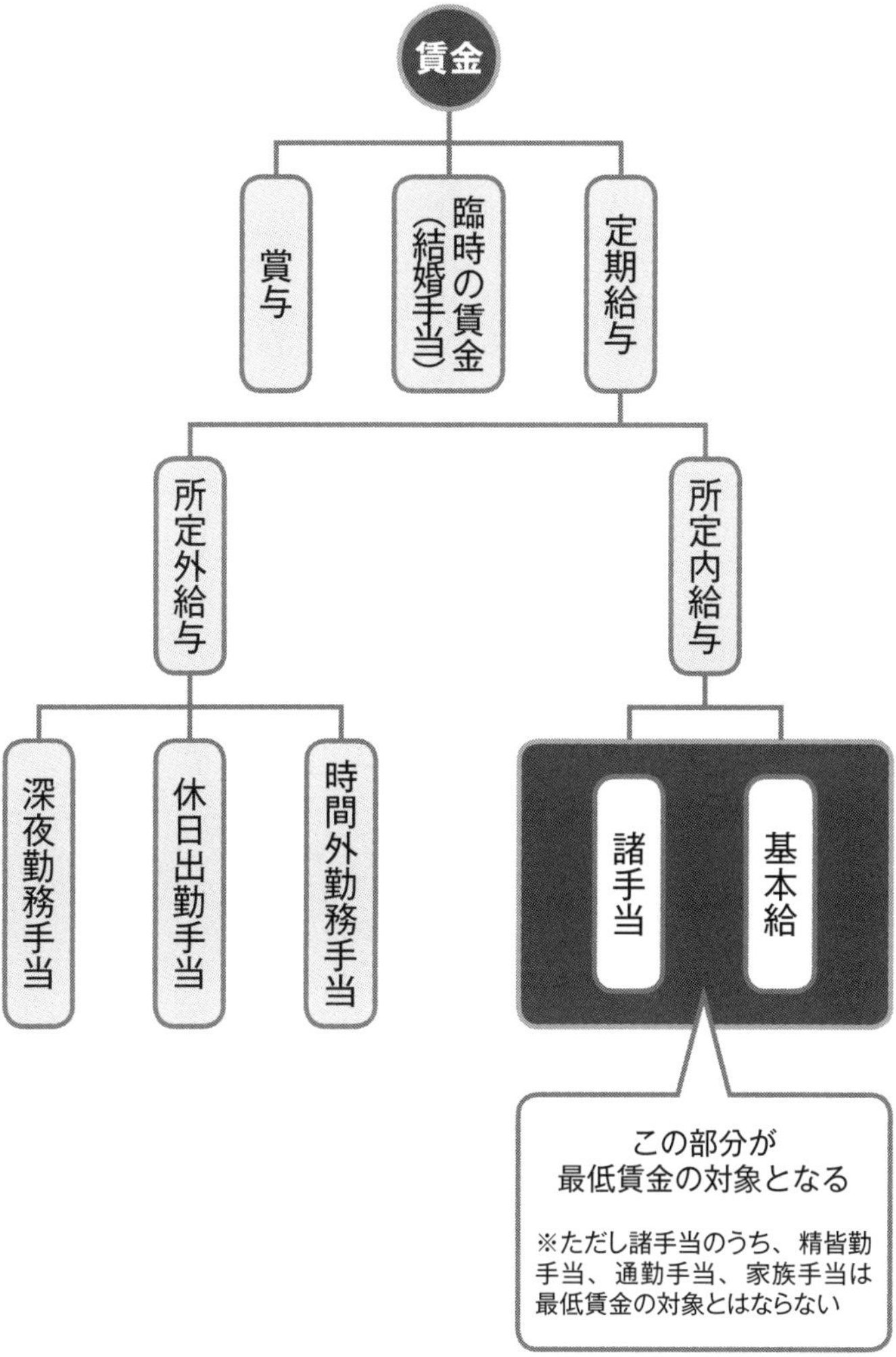

いちばん新しい最低賃金表をプリントアウトして壁などに貼るか、またはファイリングすることだ。

トラブルが起こらなくても、労働基準監督署から検査に来られたときに、最低賃金を把握していなければ、労働環境を整備していない企業とみなされてしまう。

最低賃金は労働の基本である。全従業員の時間あたりの金額と、当該地域の最低賃金を揃えていれば、行政も企業の姿勢を認識してくれるだろう。

労働基準法と最低賃金法。これらの法律をすべて守っていれば、不正な残業代請求対策は完璧なのだが、ただ**実際にそれができる企業はない**はずだ。

一日八時間労働を厳守したり、割増賃金を法律の通りに払ったら、たいがいの中小企業は潰れてしまう。最低賃金だって、大半の企業は下回っていると思われる。

そこで、まとめとしてトラブルを防ぐための対抗法をあげておこう。

無駄な残業をさせない

平成21年度地域別最低賃金改定状況

都道府県名	最低賃金時間額	発効年月日
北海道	678	平成21年10月10日
青森	633	平成21年10月1日
岩手	631	平成21年10月4日
宮城	662	平成21年10月24日
秋田	632	平成21年10月1日
山形	631	平成21年10月18日
福島	644	平成21年10月18日
茨城	678	平成21年10月8日
栃木	685	平成21年10月1日
群馬	676	平成21年10月4日
埼玉	735	平成21年10月17日
千葉	728	平成21年10月3日
東京	791	平成21年10月1日
神奈川	789	平成21年10月25日
新潟	669	平成21年10月26日
富山	679	平成21年10月18日
石川	674	平成21年10月10日
福井	671	平成21年10月1日
山梨	677	平成21年10月1日
長野	681	平成21年10月1日
岐阜	696	平成21年10月19日
静岡	713	平成21年10月26日
愛知	732	平成21年10月11日
三重	702	平成21年10月1日
滋賀	693	平成21年10月1日
京都	729	平成21年10月17日
大阪	762	平成21年9月30日
兵庫	721	平成21年10月8日
奈良	679	平成21年10月17日
和歌山	674	平成21年10月31日
鳥取	630	平成21年10月8日
島根	630	平成21年10月4日
岡山	670	平成21年10月8日
広島	692	平成21年10月8日
山口	669	平成21年10月4日
徳島	633	平成21年10月1日
香川	652	平成21年10月1日
愛媛	632	平成21年10月1日
高知	631	平成21年10月1日
福岡	680	平成21年10月16日
佐賀	629	平成21年10月1日
長崎	629	平成21年10月10日
熊本	630	平成21年10月18日
大分	631	平成21年10月1日
宮崎	629	平成21年10月14日
鹿児島	630	平成21年10月14日
沖縄	629	平成21年10月18日
全国加重平均額	713	

始業が九時、終業が五時であれば、法定時間内残業が終了する六時になったら、照明、空調などを切ってしまうのはひとつの手だ。S社のNのような従業員もいる。ふだんから従業員を帰らせるシステムにしておかないと、ダラダラ残業をされてしまうのだ。

■残業を許可制にする

S社のケースでは、残業を許可制にしていたことが結果的に有利になった。残業をする場合は、従業員は許可をとらなければならないようにする。届出をしなければ残業ができないというのは、無意味な残業の抑止力になるだろう。

■労使が協調する

これはすべての個別労働紛争の防止にいえることだが、残業代のトラブルも労使の協調が絶対に必要だ。タイムカードの不正打刻などを防ぐには、残業をさせない手立てをしなくてはいけないのだが、現実にそうはいかない場合も少なくはない。

であるなら、経営者は従業員に経営状態を正直に伝えることだ。「就業規則にはこう書いてあるけれど、うちの会社は、これだけ残業をしてもらわないと潰れてしまう」と言ってみる。そして残業を一律支給にしたり、自己申告制にするといった提案をする。腹を割って話し合えば、従業員はたいていわかってくれるだろう。

行政も、今は法律を完全に守ったら、立ち行かなくなる企業が多いことは理解しているはずだ。労使が納得していれば、行政だって司法だってごり押しの介入はしない。労使の協調は、トラブル防止の最強の対抗策といえるだろう。

■労働法令書類のファイリング

最後に、労働基準監督署に配布されている厚生労働省や都道府県労働局からの通達のパンフレット類はすべて、重要な箇所にマーカーを引いてファイリングをする。これをやっておけば、かりに悪質な残業代の請求をされて行政に検査に入られても、努力をしていることは少なくとも認められるだろう。法律を自ら守ろうとしない企業は、行政も司法も決して許してはくれないのである。

労働関係の法律は、もともと悪質な企業を監視するためにある。会社を維持向上させるためには、経営者と従業員がちゃんと向き合って、柔軟な対策を練ってほしい。

第7章
口座差押えのピンチは労使の連帯で切り抜けよ

仮処分・仮差押え手続の恐怖とは？

資産凍結される保全手続の恐ろしさとは？

二〇一〇年三月一二日。鹿児島県阿久根市が、懲戒免職にした男性職員に給与未払いを続けている件で、鹿児島地方裁判所の川内支部が市指定金融機関に未払い給与の約二二〇万円の差押えを命令したことが報道で明らかになった。

この職員は、前年の二〇〇九年七月に市役所内の貼り紙をはがしたとして懲戒免職を受けている。一〇月に地裁の判決により、**処分の執行停止が決定**したが、市は復職を認めず、一〇月以降の給与も支払っていなかった。

二〇一〇年三月三日、地裁判決で市に未払い給与の支払いが命じられた。このとき**市の口座差押えの仮執行**も認められ、職員側は**差押えの命令を求める申立書**を出した。そうして一二日に地裁川内支部は**差押え命令を出し、市指定金融機関は約二二〇万円を地裁に供託して、それが職員の口座に振り込まれた**のである。

これは市職員である公務員の例だが、民間の企業でも同じことが起こっている。

ここまで地方裁判所における個別労働紛争の解決手段として、労働審判手続について述べてきた。そのほか、地方裁判所では次のような手続ができる。

●仮処分
●仮差押え
●差押え（先取特権による差押え）

最近は、労働審判だけでなく、仮処分や仮差押え、さらには差押えを申立てるという強硬手段に打って出る元従業員もずいぶん増えてきた。

仮処分というのは、解雇された元従業員が、企業に**地位の保全（復職）や未払い賃金の仮払いを求める**保全手続だ。また仮差押えは、たとえば倒産のおそれがある企業に対して、**未払い賃金などを暫定的に差押える**手続である。そして差押えは、一般先取特権という権利によって企業の**債権を差押えて、優先的に弁済を受ける**というものだ。

これらは、労働審判や通常訴訟と並行して申立てができる。そのため確実に、または早く金を回収したい場合は、仮処分などの手を使ってくるのだ。

！地裁に賃金の仮払いが認められてしまった！

企業は、従業員に仮処分、仮差押え、差押えの申立てをされて、それが認められると恐ろしいことになる。

阿久根市のように、仮に口座を凍結されたり、下手をすれば差押えの強制執行をされてしまうのだ。自治体ならば、倒産の心配はないからまだいい。

しかし、民間企業だったら**地裁が賃金の仮払いを認め、なおかつ訴訟に移行したりしたら、給与を払い続けながら裁判を戦わなければならない**。そんなことになったら、中小企業はひとたまりもないのである。

事例

泣く泣く数百万円を支払って仕方なく和解

——J社は、九州の都市にある不動産業者である。

人事部長は、半年ほど女性従業員Ｉの配置に悩んでいた。約一年半前に採用したＩは、九州の他県の出身で地元の大学を卒業後、ほかの不動産会社数社に勤めたのち、Ｊ社に中途採用で入社している。

最初の一年は問題はなかった。ところが、半年前に取引先とトラブルを起こしてから、だんだん本性をあらわしてきた。Ｉは見た目がわりと目立つタイプで、自己顕示欲が強く、相手の気持ちを推し量ることをしない性格だ。

人事部では、取引先と接するより、社内に置いたほうがいいと判断して異動をさせたが、どこの部署でももめ事が起こった。仕事のやり方をめぐって口論したり、会議の空気を険悪にしたり、そのせいでしばしば業務が滞ることもあった。

そのうち各部署から人事部に「Ｉをなんとかしてくれ」という声が頻繁に届くようになり、人事部長はＩと話し合いの場を設けた。

「もう少しみんなと協調してやってくれないかな。この間、同僚の意見を全否定して、一週間くらい仕事がめちゃくちゃになったっていうじゃないか」

しかし、Ｉは聞く耳をもたず「私は、正しいことを言っているだけです」と言い張るだけだ。人事部長は「これはだめだ」と思い、それとなく退職を勧めると、Ｉは黙ってしまった。そして、数日のちにＩのほうから辞職を申し出てきた。

ただし「**自分から辞めるのではなく、解雇にしてほしい**」と言う。Ｊ社側は、Ｉの要求をのんで普通解雇というかたちで辞めさせることにした。

Ｉの弁護士によって、**地方裁判所に仮処分手続の申立てがされた**のは、辞めて間もなくのことである。Ｉが従業員の地位にあることの保全と、賃金の仮払いを求めてきたのだ。

やられた！　Ｊ社は、解雇にしたことを悔やんだが、どうしようもない。**地裁も、解雇は無効と判断し、賃金の仮払い命令が出てしまった**のだ。

Ｊ社から私のところに連絡があったのは、地裁の決定が出たすぐあとだ。

Ｊ社としては、Ｉを職場復帰させるのは避けたいし、強制執行されて口座を差押えられるのも回避したい。私がかつて依頼を受けた企業の社長で、Ｊ社の社長とつき合いのある人の紹介により、対応を考えてほしいと言ってきたのだ。

私は、さっそく九州に飛んだ。

結論から先にいうと、Ｊ社にはＩに数百万円の和解金を渡すことを勧めている。

なぜなら、このまま争い続けても口座を凍結されたり、あるいは通常訴訟になったりすると、今度は公開情報になる。そうなれば、**メインの金融機関から融資を引き上げられるおそれがあるし、世間からは悪質な企業という烙印を押される。**だとしたら、多額の金を積んででも和解をするしかないのだ。

J社の社長は諦めきれない様子で「こっちは悪くないんだから、裁判をして戦ってもいいんですよ」と言っていた。しかし、それは得策ではない。

「私は、こういう事案でメインバンクの信用を失い、取引先からも引かれて、倒産寸前まで追い込まれた企業をたくさん知っています。そういうリスクを考えたら、悔しいかもしれませんが、ここで決着をつけるのがベストの方策ですよ」

こう説得して、J社の社長に納得してもらったのだった。

金融関係とのコミュニケーションは必須だ

これから、労働審判とともに、ますます仮処分等の保全手続が利用されるようになるだろう。保全手続きは、従業員にとってはとにかく暫定的にでも復職したいとか、給与を確保したいというときに有効な方法といえる。

しかし、このシステムを悪用されて、仮の処分であっても口座を差押えられたら企業はどうなるか。金融機関は「この会社、だいじょうぶか？」と不信感をもつだろう。対処をひとつ間違ったら、噂が噂を呼んで、信用失墜なんてことになりかねないのだ。

そういう意味では、**労働紛争対策のひとつとして、これからは金融機関とのコミュニケーションも非常に大事**だ。

J社のように、悪計にはめられるケースだってある。または経営縮小のために整理解雇をして「仕方がないですね」と言って辞めていったパート従業員が、いきなり仮処分の申立てをしてくるかもしれない。

そのとき金融関係の担当者とのコミュニケーションができていれば「いや、ひどい従業員にやられてしまって」とざっくばらんに話ができる。ところが、ふだんからこっちは預金してやっているんだという態度でいたら、地裁からメインバンクに命令が出たときに、手のひらを返されるのだ。

私がお勧めするのは、**常日頃から、顧問弁護士と銀行に出向く**ことだ。

たとえば、融資額の交渉をするときなどは、税理士ではなく弁護士さんに一緒に行ってもらう。法律の専門家たる弁護士が来たからには、銀行側も法的に融資額が妥当なのかどうか説明しなくてはいけない。すると、譲歩して交渉がうまくいくことが多いのだ。

これは、けっこう銀行対策として有効だ。私が関わっている顧問企業には、こうした仕事も理解してくれる弁護士さんを紹介している。ふだんから担当者と仲良くするのと、プラス弁護士さん同伴の訪問によって、銀行には、手ごわくて手堅い企業というイメージを植えつけることができるのである。

あとは、**同業の経営者同士の連携**も進めてほしい。

これだけ労働関連法令が労働者優先になっているのだから、経営者がみんなでタッグを組まないと、地方裁判所まで行かれるとどうやったって負けてしまうのだ。

今は行政や司法にインチキな訴えをして、会社から多額の金をせしめようとする者がたくさんのさばっている。経営者同士が協力してなんらかの仕組みづくりをしなければ、このままでは企業は和解の連続でやられっ放しだ。

だから、**経営者連合みたいな組織をつくって団結する**べきなのだ。

なかには就業規則をいい加減に作成していたり、ちゃんとまじめに働いている従業員を会社の都合で平気で解雇するような企業だってあるだろう。そんな悪質な企業は、同業の経営者連合で排除していくことだ。

個別労働紛争は、もはや自社だけの問題ではない。業界、いや国内企業全体の危機ととらえなくては、うかうか雇用もできない時代になっているのである。

労使が連帯しないと企業は生き残れない

通常訴訟にせよ、労働審判手続にせよ、仮処分手続にせよ、これらを申立てられれば、ほとんどの中小企業は大きなダメージを受ける。

しかも攻撃はたいがい不意打ちだ。ある日、突然どこかの法律事務所からの内容証明郵便や、地方裁判所からの封書が郵送されてくる。そこから怒涛の日々がはじまって、数カ月後には、数百万もの解決金の損金が計上されているのである。

そうなったときには、**従業員全員の力を借りなくては乗り切ることはできない。**

これは**多くの個別労働紛争の解決に奔走してきたなかから、私が得た結論**だ。

労働審判の申立てをされたときに、経営者と従業員が事実を書類にしてまとめ、陳述書を提出すれば地裁もわかってくれる。最低限、相手側の要求する金額が全額認められるような結果にはならないですむのだ。

だから、労働組合が組織されていない企業は**「会社の環境をよくする会」といった従業員組織**をつくってほしい。

このごろは労組の組織率も低下しているし、労組というと抵抗のある人も多いだろう。ならば、名称は何でもいいので、労使がともに「会社をよくしよう」という意識を共有できる会をつくって、意見を交換し合うのだ。

これができていれば、まず残業代をちょろまかしてやろうという従業員は出てきにくいし、解雇をされて金をむしりとってやろうなんて考えにくい。また、よもや仮処分などの申立てをされても、「悪いのはどちらか」従業員たちが証明してくれるのである。

今はテレビの影響か、何でもかんでも善悪わかりやすく決めつけたがる傾向があるようだ。「弱者の従業員」と「強者の企業」が対決したら、世間も行政や司法もこぞって従業員の味方につく。

しかし、実態は企業は決して強者とはいえない。だからこそ、会社を存続させていくために、経営者と従業員がひとつになって連帯しなければいけないのだ。

第8章

従業員のストレス予防は最大のリスク管理だ

産業医と協力してうつ病トラブルを防ぐ

気をつけなくてはいけない従業員のうつ病

あなたは、産業医とは何か知っているだろうか？

企業の方々に聞くと「えっ？　それ何？」という人が多い。

脅かすようだが、産業医を知らなければ、従業員とのトラブルが勃発する確率はかなり高い。「心身の健康を崩したのは会社のせいだ」と訴えられて、どろ沼の争いに発展している例が山ほどあるからだ。

厚生労働省では**「過重労働による健康障害防止のための総合対策」**を打ち出している。長時間の労働によって、脳疾患や心臓疾患、うつ病を発症しやすいことが指摘されている。だから「従業員がそうした病気にならないように、産業医等を設置して防止しましょう」というのが国の方針なのだ。

厚生労働省は「過重労働」とひとくくりにしているが、企業の現場の実態はもっともっと複雑だ。**職場の人間関係のもつれや、いじめ、嫌がらせ、セクハラ、パワハラで「心身の健康を損ねた」**というケースも多い。

そのとき事前に措置を講じていなければ、従業員の病気の責任は企業にのしかかってくる。従業員が、都道府県労働局や労働基準監督署に行って訴え、訴訟や労働審判になったら、企業側はまず負けるといっていいだろう。

とりわけ企業が気をつけなくてはいけないのは、発病を気づきにくい心の病気だ。三、四人に一人は一生のうちに一回はかかるといわれているうつ病は確実に増加している。

その、うつ病をめぐって争った事例をみてみよう。

事例 うつ病発症を訴えられて解雇は無効に！

R社は、謹厳実直な社風のメーカー企業だ。従業員のほとんどは正社員。就業規則もきちんと整備して、これまで個別労働紛争とはまったく無縁だった。

ところが、ある時期から三〇代半ばの男性従業員Mがぱたっと出社しなくなった。

Mはどちらかというと生まじめで内向的なタイプで、親しい従業員はいない。独身でひとり暮らしのため、電話をしても誰も出ないし、マンションに行っても姿はない。

実家に電話をしてみると、家族には連絡をしているようで、事故や事件に巻き込まれたわけでもなさそうだ。両親に「必ず会社に電話をしてほしい」と伝えたが、半年経っても、一〇カ月が過ぎても何も言ってこなかった。

やがて一年が経過したところで顧問弁護士と相談し、R社はMを懲戒解雇にすることにした。R社の顧問弁護士は、ヤメ検のキャリアの長い弁護士さんだ。突然、無断で行方をくらましたMを懲戒解雇にするのは法的に問題はないはずだった。

一年無断欠勤をしても解雇は解雇権の濫用!

しかし、懲戒解雇にしてわずか数週間後のこと、地方裁判所から労働審判手続期日呼出状及び答弁書催告状がR社に届く。一年間、音沙汰なしだったMが、懲戒解雇を待っていたかのように労働審判を申立てたのだ。

申立書には、**R社のずさんな職場環境により、Mはうつ病になった**と書いてあった。そのため会社に連絡できなかったという。よって「Mは雇用契約上の権利を有する地位にあることの確認、ならびに一年分の給与および労働審判が確定するまでの給与を支払え」と主張している。つまり復職と、審判が終了するまでの給与全額を要求してきたのだ。Mの**申立書には、診断書の写し**もついていた。

こんなわけのわからないトラブルなど経験したことのないR社経営陣も、顧問弁護士も慌てふためいた。そして労働審判で全面対決をすることに決めた。

だが、確実な証拠となる診断書がある以上、R社の主張は通らない。

「うつ病により連絡ができないまま欠勤を続けたのはやむを得ないから、懲戒解雇は解雇権の濫用にあたる」という審判が下されてしまったのだ。

R社は当然、審判に納得がいかなかった。そこで異議申立てをして労働審判は失効。通常訴訟に移行することになった。

R社から私に打診があったのは、訴訟の準備をはじめたころだ。

物堅いR社側の人たちは、Mの意図がどこにあるのか想像もつかなかった。それで企業のトラブルに精通している人間はいないかということで、私に連絡をしてきたのだ。

すぐに調査に入ると、驚くべきことがわかった。

Mのバックには、ある新興宗教の団体がついていたのである。Mの代理人である弁護士も、その団体に属していた。**組織ぐるみで仕掛けたトラブル**だったのだ。

私は、宗教団体がらみの案件もずいぶん扱ってきた。こういう案件では、**警察で事実を話し、記録をとってもらうと断然動きやすくなる。**

私は、R社の顧問弁護士に「警察に行って話をしたうえで、証拠を集めて裁判で戦いましょう」と提案をしてみた。ところが、弁護士は「それはしたくない」と言う。元検察官の弁護士は、往々にして確証を得られない証拠で戦うのを嫌う。警察の助けを借りて、証拠を提出するのはイヤだというプライドもあるのだろう。

しかし、多数の企業トラブルに立ち合ってきた私の経験からいわせてもらえば、**個別労働紛争は、通常訴訟でも労働審判でも法律より事実論でジャッジされる。**これは個別労働紛争の審理の特徴だ。判断するのは裁判官であり審判官なのだから、事実関係はどんなことでも提示するべきなのだ。

結局、R社は宗教団体の件はまったく出さずに、訴訟でもMの訴えがほぼすべて認められてしまった。R社は、**就業規則も雇用条件もきちんと整えている上場企業**だ。にもかかわらず、労働審判でも訴訟でも完敗だったのである。

法律で決められている産業医と衛生管理者選任

この事例で要点になるのは、従業員が「会社のせい」で心身の健康を阻害したら、企業はどうあっても弁解できないということだ。

Mがうつ病だったのはたぶん間違いないのだろう。けれども、それが「会社のせい」なのかどうかはわからない。また、よく調べたら、宗教団体はほかの個別労働紛争でも同じようなことをしている可能性だってゼロではない。

しかし、**病気が事実でなおかつ診断書があれば、企業側は申し開きができない**のである。だから、企業が打つ手としては、従業員がいろいろな病気にならないよう、**労働安全衛生法に基づく備え**をすることだ。

法に準じた整備をして、でき得る限り健康障害を食い止める。従業員が日々、健康に快適に働ける職場づくりをする。これをしなければ、R社のように裁判にまで移行して、その判決が白日のもとにさらされてしまうのだ。

それでは、労働安全衛生管理は法律ではどのように規定されているのか。
職場の安全と衛生に関して、多くの企業で必要なのは次のような役割がある。

●産業医
●衛生管理者
●衛生委員会（労使半々で開催する会議）

産業医と衛生管理者は、常時五〇人以上の従業員を使用する職場では、必ず設置しなくてはならない。また、五〇人未満の職場でも、従業員のなかから衛生推進者という、衛生にかかる業務を担当する者を決めなくてはいけないのだ。

産業医の職務は、次のように定められている。

①健康診断の事後措置
②過重労働対策（面接指導など）
③心と体の健康づくり活動
④心の健康問題

安全衛生管理

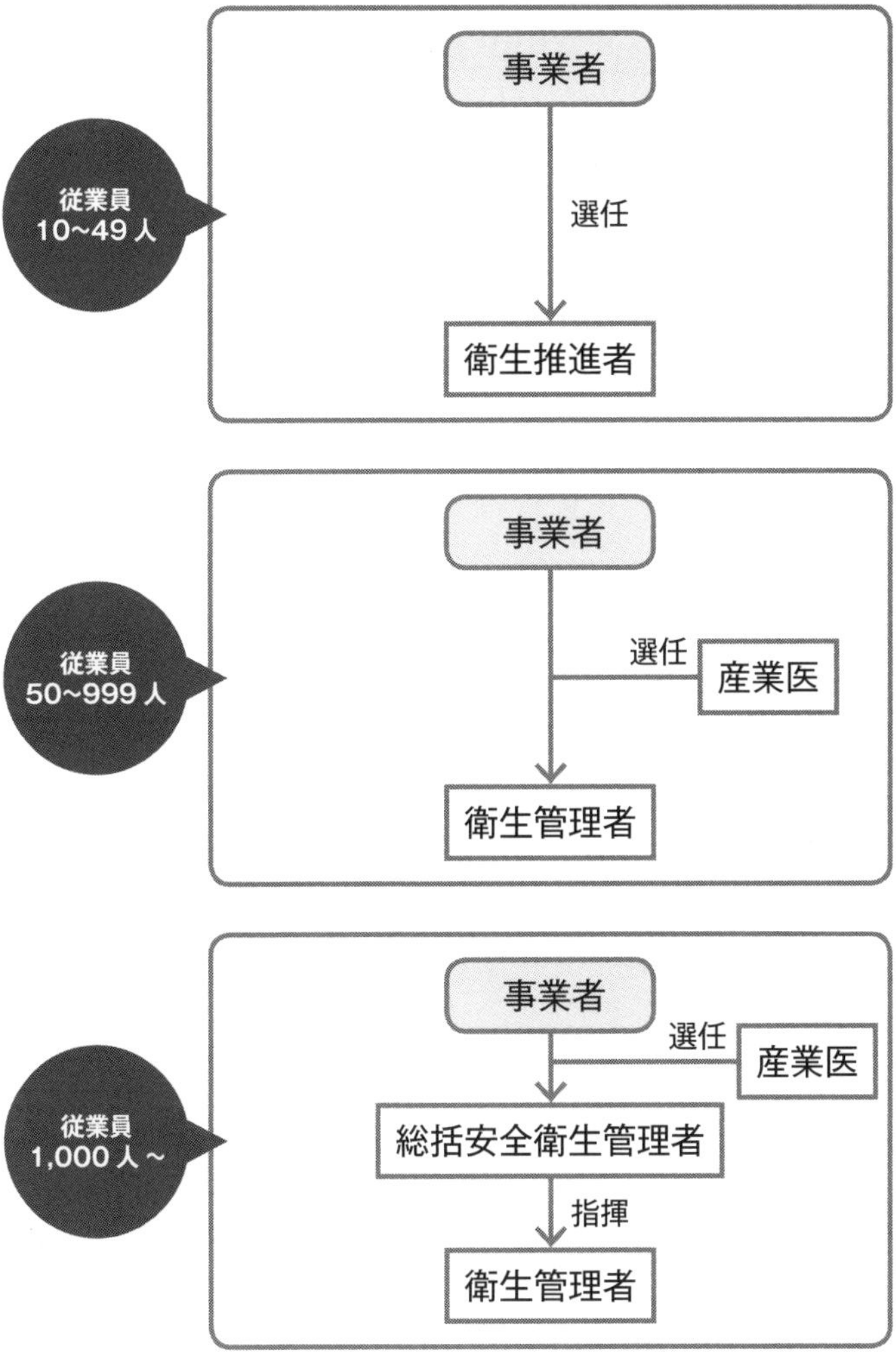
従業員
10~49人
事業者
選任
衛生推進者
従業員
50~999人
事業者
選任
産業医
衛生管理者
従業員
1,000人~
事業者
選任
産業医
総括安全衛生管理者
指揮
衛生管理者

これを見ても、労働行政は、体だけでなく「心の健康管理をちゃんとやりなさい」と勧告しているのが見てとれる。おそらく全国の総合労働相談コーナーでも「うつ病になりました」という相談は多いのだろう。だから、**産業医を選任して、従業員が心と体を害さないように対策を立てなければいけない**のである。小規模な企業は社長を集めて組合をつくり、産業医を委任するのも良い。

また、衛生管理者というのは、従業員から選んだ衛生に関する業務を行う者だ。労働安全衛生法では、その職務を以下のように定めている。

①健康障害の防止
②衛生教育の実施
③健康診断の実施や、健康の保持増進
④毎週一回以上の職場の巡視

私の顧問企業で、**安全衛生に注意しなくてはいけないサービス関連の企業は、どこも必ず衛生管理者を設けている**。そして就業規則とは別に、安全衛生に関する規定を作り、**一カ月に一回は衛生委員会を開いている**。これらを実施してリスクマネジメントをしていなければ、いざ病気や事故が発生したときに、行政処分を出されてしまうのだ。

なお、企業が設置しなくてはいけない役割と制度は、業種によって違いがある。たとえば建設業や運送業、製造業、通信業などは、安全衛生推進者または安全管理者の設置が必要だ。したがって各業種の法令を確認し、遵守してほしい。

企業は医師による面接を積極的に実施すべし

法律では、常時五〇人以上の従業員を使用する職場は、必ず産業医がいなければいけないのだが、これを認識していない企業はたくさんある。

産業医に関しては、健康管理には必須の要素といえる。とくに**トラブルになりやすい従業員のうつ病対策には、産業医の選任は不可欠**なのだ。

たとえば労働審判では、うつ病の診断書を出してくる例は非常に多い。専門医の診断書があるということは、たしかになんらかの精神的な不調があらわれているのだろう。だが、うつ病などの心の病気は、外からはわかりづらいものだ。企業の側は、審理の場で「うつ病には見えませんでした」と言っても、証拠は出せない。

そうしたトラブルを防止するのが、産業医の存在なのである。

厚生労働省が推進しているのは「**医師による面接指導**」だ。

これは労働安全衛生法で、**一カ月に一〇〇時間以上の時間外労働をした従業員には、産業医などの医師による面接指導を行わなければならない**と定めた制度である。

二〇〇八年（平成二〇年）からは、常時五〇人未満の職場も、医師の面接指導が義務づけられるようになった。つまりほとんどの企業は、従業員を長時間働かせたら、医師との面接をさせなくてはいけないわけだ。

東京労働局が作成している通達にはこう書いてある。

「この面接指導の際には、うつ病等のストレスが関係する精神疾患等の発症を予防するために、メンタルヘルス面にも配慮することが求められています」

産業医のいない企業の方々は、この通達の意味をよく考えてほしい。

労働基準法では、一日の法定労働時間は八時間としている。しかし、現実には八時間ではとてもやっていけない。行政は企業の実情をわかっているのだ。だから「**一カ月に一〇〇時間残業させるのもいたしかたないが、従業員をうつ病にさせたり、それによってトラブルにならないように気をつけなさい**」と言っているのだ。

面接指導

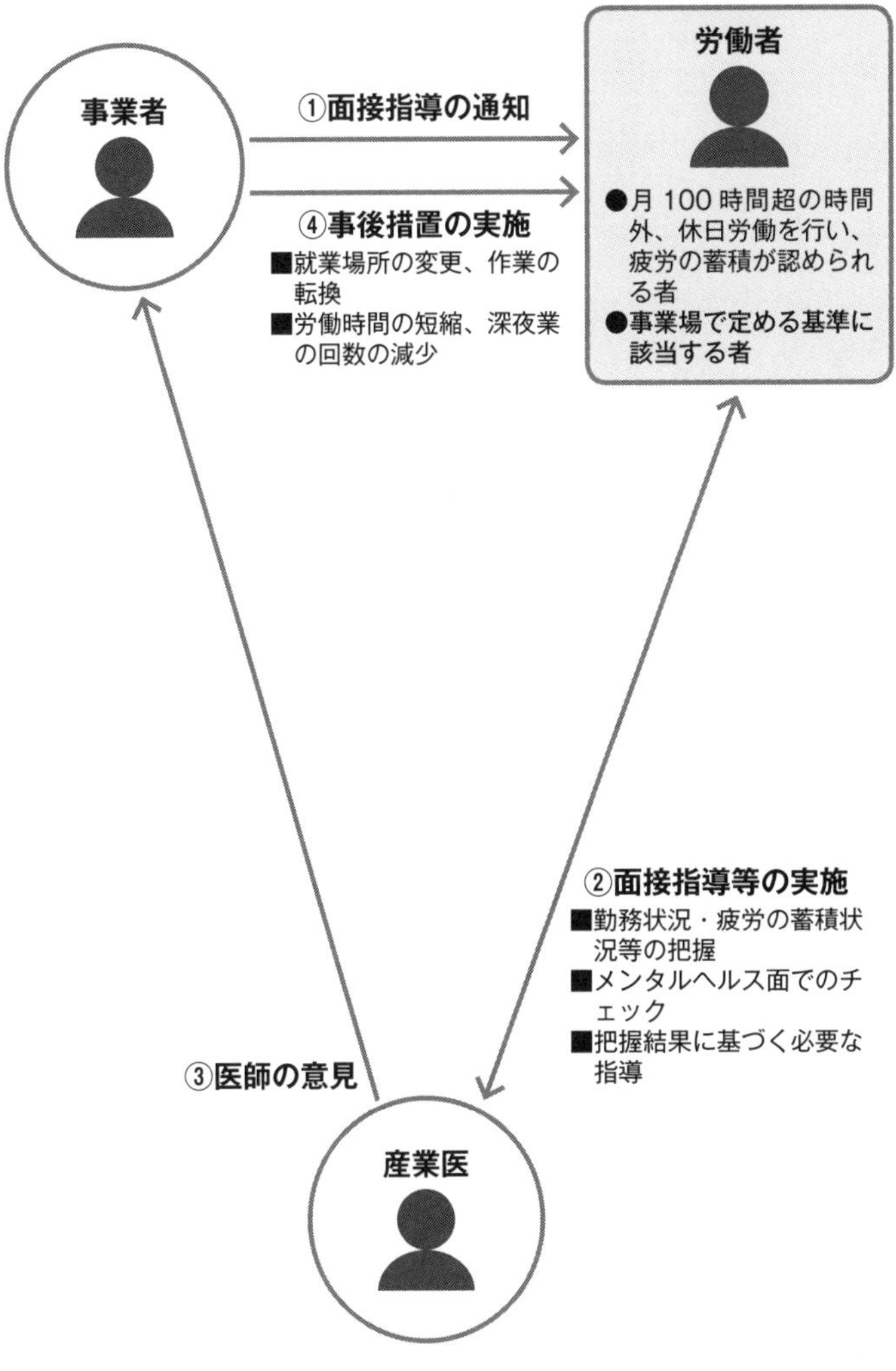
労働者
事業者
①面接指導の通知
④事後措置の実施
■就業場所の変更、作業の転換
■労働時間の短縮、深夜業の回数の減少
●月100時間超の時間外、休日労働を行い、疲労の蓄積が認められる者
●事業場で定める基準に該当する者
②面接指導等の実施
■勤務状況・疲労の蓄積状況等の把握
■メンタルヘルス面でのチェック
■把握結果に基づく必要な指導
③医師の意見
産業医

しかも、産業医の選任が義務づけられていない五〇人未満の職場は、労働基準監督署の管轄に設置している地域産業保健センターで無料で相談や指導が受けられる。五〇人未満の職場も、この医師による面接指導をしなければいけないが、医師に委託する経済的余裕のない会社は多いはずだ。そういう場合は「ご相談ください」というのである。

行政はここまで至れり尽くせりで通達しているのだから、これを実行していなければ、うつ病になって訴えられても文句は言えないだろう。

医師による面接指導は、法律だから仕方なくやるというのではなく、**企業が会社を守るために自主的に実施すべき**ものだ。

規定では「一カ月に一〇〇時間以上の時間外労働をしたら」となっているが、できれば**定期的に産業医に面接をしてもらうのが理想**だろう。あるいは衛生委員会で「最近、みんな疲れているようだ」という話が出たら、随時面接をしてもいいかもしれない。

従業員は実際に医師と面接をすると、会社の上司や同僚には話せないことも、お医者さんにはしゃべりやすいようだ。

そうすれば医師の見解をフィードバックして、職場の改善に活かすことができる。

または、辞めた従業員がよその専門医にかかって、うつ病の診断書を書いてもらって訴

従業員の心身の健康を守る４原則

時間外・休日労働時間を削減する！	不要な残業・休日労働をさせない
労働時間を適正に管理する！	労働日ごとに始業・終業時刻を記録し、過剰な長時間労働を行っていないかチェックする
健康管理の整備をはかる！	産業医の選任 安全・衛生委員会の設置 健康診断の実施
医師による面接指導等の実施！	長時間労働により、健康管理上の問題が発生したら、医師による面接指導を行う

えてきても、こちらは産業医の意見書を出すことができる。産業医の意見書と、ほかの従業員の陳述書と合わせて「○○は交際相手とのトラブルで悩んでおり、職場の問題のみでうつ病になったとは言いきれない」というように主張できるのだ。

産業医にかかる経費を出し惜しんではいけない

どこの企業も現在は、経費削減が大命題となっている。

しかし、業態、業種によっては、従業員にストレスがたまるのは避けられないこともある。だとしたら、**必要経費として産業医はできるだけ選任**してほしい。

産業医を選ぶポイントは、まずやる気のある人に依頼することだ。

産業医をしている開業医のなかには「頼まれたからやるか」という感じで、片手間に診断や面接をしている人が多い。そうではなく「**従業員の心身の健康を管理したい。従業員との無用なトラブルを防止したい**」ということをちゃんと説明して、積極的に関わってもらうのだ。

産業医と契約をした場合、月あたりの経費の相場は五、六万円くらいだろう。面接の回数が増えれば、当然、費用はもっとかかる。経営者の多くは、この数万円を渋るのだが、トラブルになったら何百倍もの解決金を払わなくてはならなくなる。だから、ここは損して得とれで、リスク管理費の出し惜しみをしてはだめなのである。

産業医を選任するいちばんの目的は、要は職場の環境をよくすることだ。

したがって、言うまでもないことだが、**従業員を解雇するために産業医を利用したりするのは絶対にしてはいけない。**

私はかつて労働審判で従業員側の依頼を受けたときに、その従業員の勤務していた企業は、産業医にうつ病であるという診断書を書かせていた。外部の信頼できる精神科医の診断では、うつ病でも何でもない。労働審判では、もちろん要求通りの解決金を得ている。そうやって企業の側が不正をすると、はなから勝ち目はないのである。

最近は、ビックリするような高額の契約料で、産業医を専門にしている医師もいる。また、診断書を乱発する町の開業医も少なくない。

産業医を選ぶときは、本気で会社に関わってくれて、健全な職場をつくるという目的を共有できる、よい医師を見つけてほしい。

!

第9章
セクハラ・パワハラが起こらない職場にすべし

有効な事前の防備と事後の報道対策とは？

企業イメージをおとしめるセクハラ、パワハラ

二〇〇八年（平成二〇年）に全国の都道府県労働局や労働基準監督署の総合労働相談コーナーに寄せられた相談のうち、いじめ・嫌がらせに関わるものは約三万二千件。これは民事上の個別労働紛争の相談全体の約一二パーセントにあたる。

このいじめ・嫌がらせに含まれているのが、セクシュアル・ハラスメントとパワーハラスメント、いわゆるセクハラとパワハラだ。

いじめ・嫌がらせは、相談をしたのち、労働局で紛争調整委員会によるあっせんの申請をする割合が解雇に次いで多い。ということは、**セクハラ、パワハラは従業員が行政に調整を求めるケースが多く、労働審判や訴訟につながる可能性も高い**のだ。

セクハラ、パワハラが労働審判や訴訟に移行すれば、企業は往々にして数百万円単位の解決金や賠償金を支払わされることになる。数百万円の特別損金も痛いが、**通常訴訟になって報道されたりしたら甚大なダメージをこうむる。**

だから、企業はまずセクハラやパワハラが起こらない職場の環境づくりをしなければな

らない。それと同時にセクハラ、パワハラをねつ造されて、行政や司法に訴えられないよう防御を固めておかなければならないのだ。

近ごろ目立つのは、上司と部下の男女関係などがこじれてセクハラ被害を申立てられるケースだ。また、常識的な注意や説教であるのに「上司から暴言を受けた」といって訴えられるようなケースもまれではない。

それらのケースでは、従業員側は労働審判などの申立てをするとともに「世間に公表する」と言い立てる例が多い。企業のいちばん弱いところを突いてくるのだ。

そうした例は、隙をつくってトラブルを招いた企業の人間も悪い。労働者保護のこの時代に、もめる事態を想定していなかったのがまずかったのだ。

事例

セクハラ報道で一気に企業イメージがダウン!

Z社は設立して一〇年弱のベンチャー企業。三〇代のK社長の企画が当たり、ここ数年、会社の業績は上向いている。ほんの数分ではあったが、テレビのニュース番組で取り上げられたりして、業界内での知名度はだんだん上がってきた。

Z社は設立当初の従業員数は約一〇名だったのが、三倍の三〇名以上となって、K社長はオフィスの移転を決めた。また、それを機会に会社を起ち上げるときから秘書をしている愛人のMと手を切ることにしたのだった。

Mは、Z社を発足して一、二年は薄給でも嫌な顔ひとつせずK社長に尽くしてきた。しかし、会社が軌道に乗るにつれ、社長の威を借りて勝手に企画を決めたりするなど、Mの我がもの顔のふるまいが目につくようになっていった。

K社長とMの仲を知っているのは、二人の役員しかいない。もう潮時だなと思ったK社長は、「ほかの職場を探して新しい人生を歩んでほしい」と告げたのである。

Mは「二度とよけいな口を出したりしない。秘書の仕事だけをするから」と懇願したが、K社長の決断は変わらなかった。

通常訴訟だったら全国紙に社名が報道される！

Mはやむなく退職したものの、なんとかK社長をもういちど振り向かせたかった。そこで数人の友人に相談したら、大企業の労組の組合員を紹介された。

その組合員は「何年間も献身的に秘書をやってきて、捨てられたのは悔しいよね。時間外労働だって、ずいぶんやっているんでしょう？　それに、社長のほうから関係を迫ったのならセクハラになるよ」と言う。

友人たちも一緒になって「訴えろ、訴えろ」とたきつけた。そうしてMは、**残業代および慰謝料の請求をし、労働審判手続の申立てをした**のである。

審理の結果、Mの主張はほぼ認められて、Mは**約二百万円の解決金を手にすることができた**。しかし、つらかったのは審理の場でK社長はMと目を合わせようともせず、心が完全に離れているのを思い知らされたことだ。

解決金は得たが、Mの気持ちはおさまらない。そこでMはつてをたどって、ある週刊誌の記者に事のいきさつをぶちまけた。そして記者は、Mの話を企業ネタの小さなゴシップ記事に仕立てあげて、面白おかしく書き立てたのである。

記事の社名は匿名になっていたが、読む人が読めばZ社と見当がつく。

週刊誌が発売されてから数日、K社長のもとに、つき合いのある他社の社長から「あれって本当なの？」という電話が何本も入ってきた。また外回りの営業マンは、取引先で「あれ、おたくの話でしょ？」と言われたりもした。

報道の力は大きい。ほんの小さな記事でも、噂が噂を呼んで、業界ではしばらくの間「愛人の秘書に社長が訴えられた会社」と言われ続けた。社内の士気も下がり、数人の従業員は退職してしまった。

不幸中の幸いといえるのは、Mが申立てたのが非公開の労働審判だったことだ。**通常の裁判だったら、全国紙に社名が実名で出る可能性がある。**社会面の片隅の数行の記事でも、その影響は計り知れないのである。

Z社のような事例は、よく聞く話といえばよく聞く話だ。

かつて某有名企業の役員がストーカー行為により検挙された事件があったが、そんなのは氷山の一角に過ぎない。本当にストーカーやセクハラをしていたのなら身から出たサビなのだが、怖いのは、**違法な行為を偽装される例も多い**ということだ。

ある企業では、従業員が管理職たちのいかにもセクハラ、パワハラに聞こえるような発言ばかりをそこだけこっそりICレコーダーに録音して「マスコミにバラすぞ」と脅し、多額の口止め料をせしめたという。事件化する前に、膨大な和解金を支払ってもみ消している例は山のようにあるのだ。

セクハラ、パワハラ対策は今、企業の最重要課題のひとつといっていいだろう。

セクハラ、パワハラを防止する3つの方法

セクハラもパワハラも、どういう行為がセクハラ、パワハラになるのか判断が難しいものだ。したがって、労働行政の指針を把握しておかなければならない。

セクハラは、**男女雇用機会均等法**では、

「職場において行われる性的な言動を受けた従業員が、その労働条件について不利益を受けたり、就業環境が害されたりしないよう、**相談に応じ、適切に対応するために必要な体制の整備、雇用管理上の必要な措置を講じなければならない**」

としている。またパワハラは、一般的にはこう定義されている。

「職場において従業員に対し、職務上の力関係を利用して、継続的に人格や尊厳を侵害する言動を行い、就業環境を悪化させたり、雇用不安を与えること」

パワハラは法令で規定されていないが、個別労働紛争における「いじめ」にあたる。

企業側が必ず知っておかなければいけないのは、「**使用者は、労働者の生命や身体など**

の安全が確保されるように配慮しなければいけない」という**労働契約法第五条**だ。

たとえば「セクハラを受けた」とか「パワハラを受けた」という従業員がいれば、企業側は相談に応じて、防止をする義務がある。そこで必要な措置を講じなければ、司法に訴えられたときに、労働契約法違反が問われる。

そうして「**不法行為による損害賠償**」や「**名誉棄損における現状回復**」などが科せられて、**損害賠償金の支払い**を負わなければならないのだ。

では、セクハラやパワハラを未然に防ぐためにはどうしたらいいのか。

企業の方々がすべきことは、管理職によるセクハラ、パワハラを防ぐとともに、従業員によるセクハラ、パワハラの曲解、ねつ造、でっちあげを阻止することだ。

その両面から考えるとしたら、次のような方策があげられる。

●就業規則に明記する

まず、就業規則でセクハラ、パワハラの禁止を記載するのは必須条件だ。

とくにセクハラは、**厚生労働省では、就業規則の服務の項目で「セクシュアル・ハラスメントの禁止について定める」ことを推奨**している。

たとえば「性的な言動により、ほかの従業員に苦痛を与えたり、不利益を与えたり、または就業環境を害してはならない」といった文言を入れることだ。これが就業規則にきちんと書かれていれば、セクハラをさせないための防波堤になる。

または、会社側から従業員にセクハラ防止の研修会を実施させるなど、バリアを張るのもひとつの手だ。「この会社はセクハラを許さない」と明示していれば、上司の言動をネタに金をとってやろうというような不埒な者も出てこないだろう。

●防犯カメラを設置する

それから徹底してやるなら、**防犯カメラの設置は非常に効果的**だ。

歯止めがきかないのが、人間の感情や欲望である。「うちはセクハラ、パワハラのリスクが高い」と思われるなら、社内の各所にカメラを据えるのはお勧めだ。

セクハラ、パワハラを訴える従業員は、だいたいみんなＩＣレコーダーなどで「証拠」

を録っている。そして、セクハラやパワハラが関わる労働審判や通常訴訟では「言った」「言わない」とか「やった」「やっていない」が争点になる。

そうしたドロ沼の争いを絶対に回避したいのであれば、みんなでよく話し合って、労使の合意のもと防犯カメラを設置すべきだろう。

●不正を起こさせない環境に置く

就業規則と防犯カメラで、セクハラやパワハラの防止の確率はかなり高くなる。しかしながら、セクハラ、パワハラ問題を引き起こす人間はどこにでもいるものだ。であれば、本人を**単独部署に配置するとか、異性のいない部署に移す**ことも考えなくてはいけない。

私は、セクハラ、パワハラ対策の依頼を受けて、会社から「危ない人間」と目されている人と面談をすると、「性格だから治らないだろうな」と感じることが多い。

女癖の悪い人や、つい怒鳴ってしまうタイプの人は、どうしたって変わらない。あるいは、従業員の側でいえば、目のやりどころに困るような服を着てくる女性もいれば、ちょっと叱られただけで恨んだりする性格の人間もいる。

ある企業の管理職などは、胸の開いた服や短いスカートばかりはいている女性従業員に困り果てていた。「あれじゃ誘ってくださいと言わんばかりで、さっさと結婚でもしてくれないと、そのうち誰かがあの子に手を出すぞ」と言うのだ。

とはいえ、うかつなことは言えない。今は、何でもかんでも法律がからんでくる。男性の上司が、女性従業員に「その服は色っぽすぎるからやめろ」と言うのはまさにセクハラになるし、「早く結婚しろ」も男女雇用機会均等法に触れかねない。

よって、そういう場合は隔離するしかない。これも経営者と従業員の代表が相談をし、本人が納得するようなかたちで配置転換をしたほうがいいのだ。

くれぐれも報道対策を間違ってはいけない

さて、どれだけ対策を立てていても、従業員からセクハラ、パワハラの被害を司法に訴えられるおそれがないとはいえない。

そのとき**企業が注意しなくてはいけないのがメディア対応**だ。

私が、刑事さんたちによく聞くのは、報道の人間は常に鵜の目鷹の目で性犯罪を探しているということだ。警察に詰めている記者が必ず言うのは「セクハラ、ストーカー、痴漢の事件はないですか？」という言葉なのだそうだ。

彼らにとって、企業の管理職が女性の従業員に暴行をしたなんていうのは、この上ないおいしいネタだ。それが裁判になって、地裁で厳しい判決が下されたら、全国紙も夕刊紙も週刊誌も、あることないこと書き立てる。そうなったら企業は大損害だ。マスコミ報道は、いっぺんで業績を半分にするくらいの力をもっているのである。

だから、**記者会見などは極力阻止する方向**でいったほうがいいだろう。

企業側に全面的に瑕疵があるなら、もちろん会見は開かなければならない。それは法人としての責任だ。しかし、セクハラやパワハラを含め、さまざまなトラブルで一方的に違法性を押しつけられているとしたら、報道はできるだけ食い止めるべきなのだ。

私が関わった案件で、関西のあるメーカーが悪質なクレーマーにいいがかりをつけられたことがある。

メーカーは裁判に持ち込まれ、地方紙などに大きく取り上げられそうになった。

その際に、私はメーカーの社長にこうアドバイスした。

「記者会見を開く前に、自宅に記者を呼んで、こちらの土俵で正直に話をしましょう。クレーマー対策を打っていなかったのは、会社が甘かった。対応が後手に回ったのもまずかった。こちらの悪い点は認めたうえで、記者たちにありのままを説明してください。**下手に弁解したり正当化しないで、事実だけを話す**ことです」

社長は、私の提案を理解して、記者を自宅に招いた。

追及しようと意気込んでいた記者たちも、社長が訥々と語るのを聞いているうちに、必ずしもメーカーの不備ではないと納得したようだった。これで地元紙の論調は一転して、記者会見を開かずにすんだのだ。記者たちと膝づめで話をしないで、いきなり会見の場に引っ張り出されていたら、メーカーは悪者にされて倒産していたかもしれない。

報道というのは、本当に恐ろしいものだ。

企業の会見では、社長や役員が神妙にしているのは画像的に面白くない。マスメディアの記者は、人を怒らせるプロだ。質問の仕方も、野次の飛ばし方もツボを心得ている。ちょっとでもムッとしたり反論したりしたら、切り貼りされてそこだけがテレビや新聞で強調して映し出される。だから**会見で釈明しようなんていうのは大間違いで、開いてしまったら、確実に極悪人に仕立てあげられてしまう**のだ。

報道対策は、ふだんからシミュレーションをして準備しておいてほしい。

エピローグ

トラブルを起こす従業員を見分ける法

人間観察なくしてトラブルの解決はできない

この数年、全国に設置されている総合労働相談コーナーでの相談件数も、労働審判手続の申立ても増え続ける一方だ。

労働審判は、労働審判官（裁判官）とともに審理をする労働審判員（労働問題の専門家）の数が、急増している申立件数のペースに追いつかないほどだという。

非公開の労働審判は、増加しているということは報道されるが、詳しい審理の内容は公表されない。そのため従業員から申立てをされた企業のほとんどは、有効な対策を打てずに、多額の解決金を支払っているのである。

数多くの企業が、**個別労働紛争で有利な解決ができないのは、弁護士や社会保険労務士（社労士）だけに任せっきりにしているから**だ。

企業と個別の従業員との紛争は、生身の人間と人間との争いといえる。そもそもが、人間の感情や欲望がからみ合って起こるトラブルだ。

ところが、**多くの弁護士や社労士は法律と制度しか見ていない**。彼らは就業規則の作成にしても、労働審判の戦略にしても、法的な論理のみで考える。けれども、何度もいうように法律は基本的に労働者の味方だ。だから、企業への怒りや恨みや憎しみ全開で、戦いを挑んでくる従業員に勝てないのである。

私は、企業の依頼を受けたときは、その案件に関わる必要最低限の法令を押さえたうえで、企業の人たちの話をとことん聞く。また、当の従業員やその弁護士と会ってサシで何時間も話をし、むこうの言い分に耳を傾けることもある。そして、紛争が勃発したバックグラウンドを徹底的に調査する。

すると、従業員側の目的や本音が透けて見えてくる。そうすれば、労働審判のベストの戦い方も決まってくる。さらに、再びそんなトラブルが起こらないように、その企業の問題点や改善点を指摘してアドバイスすることが可能になるのだ。

ここまで個別労働紛争の防止策および解決法について、さまざまな角度から述べてきた。それでは、本書の最後に、**どのようなタイプの従業員がトラブルメーカーになりやすい傾向があるのか**ご紹介しよう。

採用時または入社後に、注意すべき従業員がわかっていると、これもまた紛争を回避する有効策となる。過去、あまたの従業員と対峙してきた経験からいえば、トラブルを起こす者にはいくつかの類型が見られる。

どの従業員には目配りをし、気をつけて配慮しなければいけないのか。あらかじめ見極められれば、先手を打って対策が立てられるのだ。

従業員の採用時はこうやってチェックしよう

まず、採用時にトラブルを起こしやすい従業員を見分けるのはかなり重要である。たいがいの企業では、履歴書と試験と面接で採否を決めているはずだ。パートやアルバイトだったら、簡単な面接だけで採ることも多いだろう。

だが、形式的な面接のみで採用するのは危険極まりない。ここでちゃんと観察しなければ、面倒な紛争が起こってからでは後の祭り。後ろ足で砂をかけるようにして退職し、理解できない主張をして、会社を訴えるなんて事態が生じるのだ。

それを防御するには、２つのポイントがある。

■面接の際に医師に同席してもらう

これは、私が多くの企業の方々にお勧めしている方法だ。

医師は、産業医がいる企業ならば産業医でもいいのだが、できれば精神科医や心療内科の医師に依頼してほしい。なぜ精神科医かというと、**心身の疾患を診療する専門医は、人間観察のプロフェッショナル**だからだ。

実際、臨床経験の豊富な医師に面接に同席してもらうと、顔を見て話を聞いただけで、トラブルを起こすタイプの人間を見抜いてくれる。

面白いのは、**企業の人が「いいんじゃないですか」と言う人物ほど、医師は否定する例が多い**ということだ。もちろん医師の意見をすべて取り入れて、採用するか否かを決める必要はない。しかし、信頼性の高い専門医による見解がわかっていれば、採用したあとで注意することができるのだ。

採用の際に書類を提出させる

さて、採用を決めたら、次（P233）に示した書類を提出させてほしい。

これは、正社員のほかパートやアルバイト従業員にも提出させること。とくにインターネットで募集した中途採用や、随時募集している店舗のアルバイト従業員などの採用時には徹底したほうがいい。**これらの書類の記載から、嘘や虚偽が見えてくる**こともけっこうあるからだ。

不意に無断で辞めてしまうようなアルバイトは、えてして履歴書にどこか嘘を書いているものだ。または正社員でも金に困っていると、職場のトラブルをきっかけに、解決金目的の労働審判手続を申立てたりする。だから、スクリーニングの意味合いで、各種書類をチェックしたほうがいいのである。

たとえば、住民票記載事項証明書を見たときに、頻繁に転居しているとしたら、しょっちゅう引っ越しをしなければならない理由があるのかもしれない。あるいは、履歴書に大企業を退職とあっても、源泉徴収票の額が少ないかもしれない。履歴書と書類を照合していくと、不審な点が見つかるケースは多々あるのだ。

採用時に要注意人物を見分けるポイント

面接の際に、医師に同席してもらう

精神科医または**心療内科医**など

採用の際に、書類を提出させる

①履歴書（3カ月以内の写真添付）
②住民票記載事項証明書
③健康診断書
④源泉徴収票
⑤年金手帳、雇用保険被保険者証
⑥身元保証書
⑦保証人連署の誓約書
⑧必要により、免許証、資格証明書、
学業成績証明書、卒業証明書
⑨その他会社が必要と認めたもの

だいたい**職場でトラブルを起こすようなタイプの人間は、住所詐称、無免許運転、学歴詐称がものすごく多い**。

しかも、始末の悪いことに、彼らは嘘をつくような人間には見えない。金髪のフリーター系やガテン系はあんがい虚飾がないが、むしろ見た目がきちんとした「いいかんじ」のタイプに、会社とのもめ事を引き起こすトラブルメーカーが潜んでいるのである。

もしも何か「おかしい」と気づいたら、全国銀行個人信用情報センター（全銀協）やCICなどの情報を提出させてもいいだろう。

これを拒否したり嫌がったとしたら、金銭トラブルを抱えているのは間違いない。だとしたら、採用は考え直すべきだ。ただし、近ごろは内定の取り消しをめぐる紛争も増えているので、**就業規則の採用の項目に「採用の際、これらの書類を提出しなければならない」という記載を必ず入れておこう**。

あとは、**以前勤めていた会社に連絡して聞く**のもお勧めだ。

面接の印象はいい。書類もとくに問題はない。でも、何か引っかかる。そんな場合は、前の会社に照会すると「問題を起こして困っていました」という事実が発覚するかもしれない。「個人情報保護法に反するのでお答えできません」と言う会社も多いかもしれないが、聞くだけ聞いてみたほうが何かがわかる可能性があるのだ。

以上、これだけ調べれば相当トラブルは防げるはずだ。

よく企業では、興信所などに採用者の調査を依頼しているが、よほどの調査料を積まない限り、あれは電話での調べですませていることが多い。それよりも医師の面接立ち合いと、書類の提出のほうがはるかに効果的なのである。

トラブルメーカーの予兆はここにあらわれている

では、今度はトラブルを起こしやすいタイプを見てみよう。

年齢層は、私が関わった案件では、**二〇代、三〇代の若い従業員が圧倒的に多い**。

私たちの世代までは、まだ立つ鳥は跡を濁さずという意識が高かった。ところが、今の若い世代は後を濁すことをいとわないようだ。

しかも明らかにひどい企業を相手に戦うならわかるが、従業員が一方的な被害者とはいえない事例がほとんどだ。労働審判にまで発展する事例のなかには、私が企業で調査をすると、ほかの従業員たちが「いくらなんでも会社を訴えるなんてやり過ぎだろう」と言っている例もたくさんあるのだ。

そんなトラブルを起こす若い従業員には、いくつかの共通項が見られる。

性格

性格でいうなら、何といっても**変に正義感が強い**ということだ。悪だくみとわかってやっている人間もいっぱいいるが、主流はこの正義感タイプといっていいだろう。こういうタイプの従業員が決まって口にするのが「正義のために会社と戦う」という言葉だ。

また、**一貫性にこだわる**のもひとつの特徴である。一貫性も大事ではあるが、何事も一貫しないのが複雑な世の中というものだ。企業だって、「就業規則にはこう書いてあるが、それでは立ち行かないから、みんなで協力してやっていこう」という暗黙の約束がある。

ところが、このタイプは**協調性がなく群れるのを嫌う**ため、ささいなトラブルをきっかけに、単独で「正義のために」立ち上がってしまうのだ。

こうした性格の従業員は要注意といえる。自分が正しいと信じているので、何を言って

企業をピンチに陥れる従業員のタイプ

要注意！

年齢	20代・30代の若い従業員に多い
性格	やたらと正義感が強い 協調性がなく群れない 一貫性にこだわる
言動	規則を厳格に守りたがる 他人の悪口を言う 他人の批判をする ワイ談が嫌いでマジギレする 自分の意見を否定されるとキレやすい
プライベート	流行に敏感 おしゃれでファッションにうるさい 友だちが少ない

も聞く耳をもたず、トラブルがこじれる可能性が高いのである。

■言動

言動は、まず**「規則、規則」と言いたがる**傾向が非常に強い。それから、よく**他人の悪口を言う**のも、このタイプの従業員の特徴だ。しかも自分では、それは悪口ではなく「正当な批判」と思い込んでいるのである。あとは**自分の意見を否定されるとキレやすく**、ムキになって言い返すというのも目立つ言動といえる。

それと、いちばんわかりやすいのは**ワイ談が嫌い**ということだ。「これがセクハラ?」「これがパワハラ?」というような上司の行為をことさら騒ぎ立てる従業員は、ほとんど例外なく、ワイ談をしていると露骨に嫌な顔をしてマジギレするのだ。

こういう潔癖症的というか硬直した言動がしばしばあらわれているとしたら、トラブルを起こしやすいとみていい。こうした従業員のなかには、会社のささいな違反を許さず、概して行政や司法に訴え出る者が多いのである。

■プライベート

プライベートの面で見ると、意外と**流行に敏感でおしゃれ**なタイプが少なくない。それはおそらく流行りに乗って、型にはまっていないと不安だからだろう。

自分が型にはまるだけならいいのだが、人に強要するのもこのタイプによく見受けられる。他人の**ファッションにうるさく**「その服よくないよ」とか「イケてないよ」と口を出して、嫌がられるのはよくあるパターンだ。結果的にこういう従業員は、プライベートでも社内でも**友だちが少なく**孤立しているのである。

このようなタイプの若い従業員は、たぶんどこの職場にも一人や二人はいるのではないだろうか。

困ったことに、トラブルメーカーは一見して優秀な人材に見えるものだ。正義感が強いのも、潔癖症なのも、おしゃれなのも、それ自体は決して悪いことではない。ある企業の採用面接に同席した精神科医は「企業の人はトラブルの種をわざわざ採りたがっているとしか思えない」と苦笑していたくらいだ。

個別労働紛争対策の最終的な目的は、面倒な人間を排除することではない。だから労使が協力して、トラブルを起こしそうな人間を把握したうえで、組織の仲間に引き入れ、よい職場環境をつくる努力もしていただきたい。

おわりに

私には最近悩みがあります。

「労働問題は重要な問題なので絶対に備えはした方がいい」とアドバイスをしても、私の著書を読んでくれた社長さんでさえ真剣に聞いてくれる人はなかなかいないのです。

そしてそのようなアドバイスをしても聞く耳を持たなかった社長は、遅かれ早かれ、社員が仕掛けてきた法的手段に苦しみもがくことになります。

労働審判法が施行され、多くの情報が非公開になる中、現状がここまで酷くなっていて、経営者にとって不利な状況にあるのを伝える情報媒体も見当たりません。

「このままじゃいけない」

そう思って私はこの本を書きました。

みなさんよく報道を見て、聞いてください。これだけ厳しい経済状況で大企業が解雇をした、リストラをしたという報道はありませんよね？

バブル崩壊後の一九九〇年代にはリストラという言葉が毎日のように報道をされました。その光景は今は一切見当たりません。

このことからも、本書に書いている内容が決して対岸の火事ではないことがおわかりになるでしょう。


この本に書いてある内容は、実際の事件現場にて体当たりで入手した生の情報がたくさんつまっています。

経営者の方はすべて実行してください。そして自分でこの本の内容を発展させて運用を行ってください。そしてトラブルにあうことなく本業に集中をしていただければ私にとってこんなうれしいことはありません。

そうでないと貴方の会社は確実に労働トラブルで倒産の危機に見舞われるでしょう。

それほど今の労働問題は恐ろしいものなのです。

トラブルをなくし、経営者と労働者が共に会社を発展させて、強い日本を構築できる手助けができればと私は思っています。

平成二二年七月吉日

平塚俊樹

■ 著者プロフィール

平塚 俊樹

（ ひらつか としき ）

エビデンサー（証拠調査士） 武蔵野学院大学客員教授

大学卒業後、大手不動産会社と東証二部上場メーカーに勤務。在職中、営業職ながらクレーム処理も担当する中、暴力団もかかわるあまりにも悪質な事件が多発したために、警察の暴力団対策課にて対応トレーニングを積む。

その後、自ら欠陥住宅を買ってしまったことにより、大手ゼネコンを相手に弁護士が逃げ出すほどの死闘を演じ、最終的に完全勝利。
これらの経験からトラブル解決のノウハウを確立する。

また、同様のトラブルを抱える人たちへのアドバイスを通じて連携、共闘する中、弁護士、弁理士、医師、鑑定人など、各ジャンルの専門家との間に人脈が広がり、そのネットワークは、アメリカ、ヨーロッパ、アジア、アフリカといった海外にまで及んでいる。

これまで数千件にものぼるトラブルを解決に導き、現在も相談・依頼がひきもきらない。

著書に、『Law（ロウ）より証拠』『“だれも知らなかった”クレームストーカー対策マニュアル』（総合法令出版）、『おひとりさまの防犯術』（亜紀書房）がある。

編 集 協 力　海部京子
装　　　丁　冨澤崇（Ebranch）
本文デザイン　八木美枝
図 表 作 成　横内俊彦

社長！ 油断していると、社員に会社潰されますよ！

2010年8月4日　初版発行

著　者　**平塚俊樹**
発行者　**野村直克**
発行所　**総合法令出版株式会社**
〒107−0052　東京都港区赤坂1−9−15
日本自転車会館2号館7階
電話　03−3584−9821㈹
振替　00140−0−69059
印刷・製本　**中央精版印刷株式会社**

ISBN978−4−86280−218−7

総合法令出版ホームページ　http://www.horei.com